マネーという名の犬

Ein Hund namens Money
von Bodo Schäfer

12歳からの「お金」入門

ボード・シェーファー
田中順子＝訳
村上世彰＝監修

飛鳥新社

マネーという名の犬——12歳からの「お金」入門

監修者まえがき

お金って何だろう?

この本を読み始める前に、君たちがお金についてどんなことを知っているか、少し考えてみてほしい。

おこづかいやお手伝いをしてお金をもらっていれば、そのお金で自分の欲しいものを買うことができることは知っているだろう。

でもそれだけじゃない。お金には、欲しいものを買う以外にも、いろんなことができる力があることを、この本を読んで発見してほしい。

お金は一生付き合わなくてはならないものだ。日々の生活と切り離すことはできない。だから、お金と仲良く、楽しく付き合えるようになってほしい。そのためには、君が何をしてお金を稼《かせ》ぐのか、何の目的のためにお金を稼ぐのか、稼いだお金をどういうふうに使いたいのか、大人になる前に、たくさん考えてもらいたい。

お金は汚いものでも悪いものでもない。仲良くなれば、きっと君の毎日を楽しく豊かにしてくれるだろう。


少しここで僕の話をさせてもらおう。

僕の父親は、僕が小さなころからたくさんお金のことを教えてくれた。そしてこの本の主人公キーラのように、僕は小学生のころに株《かぶ》への投資《とうし》をはじめた。僕はお金を増やすことが大好きで、とうとう「お金を増やすこと」を僕の仕事にした。この本にも出てくる「ファンドマネージャー」になったのだ。誰かのお金を預かって、増やしてあげる仕事だ。

僕の大好きなことで、ワクワクすることで、とても得意なことで、お金を増やしてあげればみんなもとても喜んでくれる。そして何より仕事を通じて日本をもっとよくすることができると思ったから、その仕事を選んだ。

「ファンドマネージャー」という仕事を実際にしてみると、想像していたのと違うこともあった。大変なことも山のようにあった。でも、とても楽しかったし、自分が得意で好きなことを仕事にすることができて、とても幸せに思う。今でもその気持ちは変わらない。

そして今年、僕のやってきた仕事について、僕は本を書いた。『生涯投資家《しょうがいとうしか》』という本で、6月に発売された。その本の中で、僕は、本が売れてもらえるお金を、若者への「投資の教育」のために使いたいと書いた。多くの人がこの本を読んでくれて、応援のメッセージもたくさんもらった。そして子どもでも読める本も書いてほしいというリクエストがたくさんあった。

日本では、小さなころから「お金」に関する勉強をするチャンスが少ない。これはとってももったいない。もっと多くの人が小さなころから正しいお金との付き合い方を学んでくれれば、より多くの人がより豊かな人生を送ることができるのだから。ここにも、僕にできることがあるかもしれないと思っていたところに、この本の監修をしてほしいという依頼をもらった。

この本はドイツのボード・シェーファーさんという人が書いた本で、全世界で400万人もの人が、この本を読んでいるそうだ。子ども向けの「お金」の本にどのようなものがあるのか自分でも勉強してみようと思って、ここ15年くらいの間に出版された子ども向けの「お金」の本で有名なものを読んでみた。有名な小説家である村上龍さんが書いた『13

歳のハローワーク』や、僕もお世話になっているジャーナリストの池上彰さんが書いた『14歳からのお金の話』など、とても大事なことが書いてあって、上手に説明もされているし、いつか君たちにも読んでみてもらいたい。でも初めてお金の勉強をするには、少し難しいかもしれない。この本は、冒険小説のようになっていてすらすらと読める。けれど、大切なことが物語の中にたくさん出てきて、楽しんで読んでいる間に、「お金と仲良くしたい」と思うようになれる。

この本が最初に出版されたのは2000年で、20年近く前に書かれたものだし、日本ではない国の話だ。だから君たちが読んだときに、すこし古臭く感じるようなところや、文化や風習の違いがあってわかりにくいことが出てくるかもしれない。でも僕は、この本がとても素敵にできているから、原作者の文章をできるだけそのまま残してある。だからわからないところはお父さんやお母さん、おじいちゃんやおばあちゃんなど周りの大人の人に聞いて、教えてもらいながら、ぜひ家族や身近な人と「お金」について話をしてみてほしい。

僕は、「お金」を増やすことのプロフェッショナルだ。だから、この本に書かれたことと、少し違う意見を持っている部分もある。でも、「お金」との付き合い方にはいろんな方法や考え方があっていいと思っているし、君たちにも、この本をきっかけに、いろいろな使い方や君なりの考えを見つけていってほしい。

そのヒントに、僕がこの本を読んで最も大切で役に立つと思った部分を抜き出して、僕の考えや経験をコメントした。ぜひ、ここを読んでから、物語を読み始めてほしい。

1. 誰かの問題を解決しようとすれば、お金を稼ぐことができる

どんなときに人はお金を払うのだろう。お金を払うというのは物々交換と同じだから、君がお金を払うときは、必ずその代わりのものを得ているときだ。じっくり考えてみると、必要なものや欲しかったものが手に入って「嬉《うれ》しい」とか、何かをしてもらって「ありがとう」という気持ちのときにお金を払っていることがわかると思う。

どうやってお金を稼ぐかを考えるには、このポイントから考え始めればいい。誰が何に困っているだろう。そこで君は何ができるだろう。君が問題を見つけ、それを解決してあげたり助けてあげたりすれば、人は君に「ありがとう」というお金を払ってくれる。まず

はお母さんの肩たたきから始めたっていい。

2. 順調な時は誰でもお金を稼げる。トラブルに直面した時に本当の能力がわかる

この本にも出てくる株の話で考えてみよう。世界の全部が調子のいいときは、誰が株を買ったって儲《もう》けることができる。でも、株には必ずいいときと悪いときがあって、悪いときをどう乗り越えることができるのか、そこで君の本当の力が試される。大きな危機が訪れ、それを自分で考えて乗り越えようとするときに、君には大きな力がつく。そして乗り越えることができて初めて、君は自信をもつことができるし、君の力を証明することができる。

トラブルに直面したときに、もう一つ重要なことがある。これは人生のいろいろな場面で必ず役に立つから覚えておいてほしい。僕の父親は「株は下がり始めたら売れ」と教えてくれた。とても勇気のいることだけど、これは「損切《そんぎ》り」と言って、取り返しのつかないような大きな損を抱えてしまわないように、少しの損のうちに手放してしまうことだ。少しの損はあとから頑張って取り戻せばいい。この「損切り」の考え方は株の世界だけの話じゃない。人生のすべての決断において、とても大事だ。

3. お金のために働くのではなく、お金を自分のために働かせよう

君が将来お金を稼ぐようになったら、使わないお金を少し貯めておこう。少しお金を貯めることができるような生活をするということだ。そしてそのお金を、何か安全な方法で増やしていくことを常に考えていてほしい。例えば君が病気になって働けなくなってしまったとき、仕事を失ってしまったときや君の家族が何か問題を抱えてお金が必要になったとき、こうして貯めたお金はきっと君を助けてくれるだろう。

そしてもう一つ、君がお金を貯めていれば、事業を始めたいと思ったときに、楽にスタートを切ることができる。始める前に銀行や人からお金を借りたり、事業に投資をしてもらったりするというのは本当に大変なことで、そこであきらめてしまう人はたくさんいる。

4. 幸運は、つねに準備と努力の結果

僕は幸運が100パーセント準備と努力の結果だとは思っていない。だけど、一生懸命《けんめい》、そして常に何かに向かって頑張り、準備を進めていれば、幸運を手にする可能性ははるかに高くなると思う。多い少ないはあるかもしれないけれど、誰にでも幸運を手にするチャ

ンスは訪れる。でも、幸運がやってきても、何の準備もしておらず、その幸運を何とか自分のものにする努力をしなければ、幸運は逃げて行ってしまうし、もしかしたら幸運が訪れていたことにさえ気がつかないかもしれない。

5. 「お金持ちになれば、ほかの人を助けることができる」

少し長くなるけれど、とても大切なことだから読んでほしい。君が誰かを助けたいと思ったときに、どんな方法があるだろう。一緒に解決方法を考えてあげる、自分の時間を使って助けてあげる、解決できる人を探してあげる……いろいろな方法がある。

この本に出てくる状況とは少し違うけれど、いいきっかけなので社会貢献を例に考えてみたい。社会貢献とは、世の中で誰かが困っていることを、自分ができることを通じて解決のお手伝いをしたり、サポートしたりすることだ。例えば、世界には、親がいなくて住むところのない子どもたちが、学校へも行けずに道路で暮らしていたりする。この子どもたちが安全に暮らすことができるように活動をしている団体もいっぱいあるけど、まだまだ足りない。

こうした子どもたちをサポートするには、住むところ、食べるもの、着るものが必要だ。

そして、将来きちんと働くことができるように、学校にも通わせてあげなくてはいけない。例えば、君がこの子どもたちを助けたいと思ったときに、何ができるだろうか？　ボランティアとして現地に行ってご飯を作るのを手伝ったり、文字を教えてあげたり、洗濯なんかを手伝ってあげることができる。

そしてもう一つの方法として、君がお金持ちだったら、こういう子どもたちをサポートしている団体にお金を寄付するという方法がある。君がお金を寄付すると、団体はもっと大きな住む場所を用意したり、もらったお金で子どものためにお手伝いをしてくれる人を何人も雇ったりして、今よりもっと多くの子どもをサポートできるかもしれない。

特に社会貢献においてはお金だけでは解決できない問題が多い。けれど、ほとんどの場合、お金があれば、より早く、より多くの問題を解決に向けて動かすことができるのだ。そして「誰かを助けたい」と思ってお金を使うと、君は誰かの笑顔やたくさんの感謝の気持ちを受け取ることができる。そしてみんなが喜んでくれるだけでなく、自分も誰かの役に立つことができたという大きな喜びを感じることができる。

誰かを助けるため、人の役に立つためにお金を使うことは、君の人生をとても豊かにしてくれると、僕は思う。

僕は、震災支援でご縁をいただいた宮城県の南三陸町で、今年の9月12日に子どもたちへの「お金の教育」をスタートさせた。そして何年かかってもいいから1万人以上の子どもたちと、「お金の話」をしようと決めている。僕が知っているお金の話をしながら、君たちがお金についてどんなことを知っているのか、何に興味があるのか、教えてもらいたいと思っている。

そして近いうちに、僕自身で君たちに楽しく読んでもらえる「お金」の本を書いてみたい。君たちが家族や身近な人たちといろいろと話をしながら読み進めることができる本。読み終わった後に「お金と仲良くしたい！　そのためにもっと勉強したい」と思える本。そんな本を書けたらいいなと思っている。

最後に、もう一度繰り返しておきたい。

この本を読むと、君の年齢によってはまだ難しいことやわからない単語がいっぱい出てくるかもしれない。でも、細かいことは気にせずに、まずは楽しんで読んでもらいたい。

何よりも大切なのは、「お金」は汚いものではなく、仲良くすればするほど、君たち、そして君たちの周りの人たちも幸せにしてくれるということを理解すること。そして、仲良くなるのはできるだけ早いほうがいいということだ。

ぜひ、夢アルバムを作って、君の夢や目標について真剣に考えてみてほしい。そして夢貯金箱を作って、どうやってお金を貯めていくか、貯めるために何をして稼いでいけばいいか考え始めてほしい。そのときに、人が困っている問題を見つけること、その問題を解決するために自分に何ができて、何が得意で、何をしているときが楽しいのかということを、時間がかかってもいいから、いっぱいいっぱい考えてほしい。

そして何か考えついたら、ぜひそのアイディアを形にするために、努力と準備を進めてほしい。

君がお金と仲良くなって、夢が実現することを祈《いの》って。

2017年9月

村上世彰《よしあき》

もくじ

1章 白いラブラドール犬、マネー

もうずっと前から、わたしは犬が飼いたいと思っていました。

でも、わたしたち一家は賃貸マンションに住んでいて、大家さんは犬を飼うことを絶対に許してくれませんでした。父が大家さんに掛け合おうとしましたが、むだでした。世の中には、まったく話し合いにならないタイプの人もいるものです。

そのときから、動物を飼えるようにするためにも、家を買ったほうがいいのかなと思うようになりました。

しばらくして、わたしの両親はほんとうに庭つきの家を買いました。わたしは念願の自分の部屋を手に入れ、天にものぼる心地でした。でも、両親はあまりうれしそうではありません。予算よりもかなり高くついてしまったからです。

うちにお金がほとんどなくなってしまったことは、わたしにももちろんわかりました。

ですからわたしは、自分の願いごとはしばらく言わずにおこうと決めました。でも、どうしても犬が飼いたくてしかたがありませんでした。

ある日の朝、母が興奮した声でわたしを起こしました。

「キーラ、早く起きて！　家の前にケガをした犬が倒れてるわ」

わたしはベッドから飛び降りると、急いで外に出ました。すると、家と車庫のあいだの人目につかないところに白い犬が横たわっているではありませんか。

犬は眠り込んでいましたが、とてもつらそうでした。背中の、後ろ足の上のあたりに6センチぐらいの長さの傷があって、ずいぶん血が出ています。ほかの犬にかみつかれたかのようでした。ここまで必死に体を引きずってきて、力尽きて気を失ってしまったのでしょう。わたしは胸が熱くなりました。

「こんなにきれいな犬にかみつくなんて、どれほどひどい犬だろう」

すると、犬が突然目を覚ましたのです。犬は大きな目でわたしを見ると、2、3歩わたしのほうへ近づこうとしました。でも、ブルブルふるえていて、ひどく弱っているので、つるつるした敷石の上で足がすべって、腹ばいにぱたんと倒れてしまいます。

わたしはいっぺんでこの犬が大好きになりました。

わたしたちは犬を注意深く車に乗せると、獣医さんに連れていきました。大きな傷口を縫《ぬ》い、何本か注射を打つと、犬はぐっすりと眠りこんでしまいました。

獣医さんの説明によれば、傷はやっぱりかまれてできたもので、でもすぐに治るだろうとのことでした。獣医さんはこの白い犬のことについても教えてくれました。これはラブラドール犬といって、とてもおとなしく、かしこい犬で、子どもにもやさしいのだそうです。

獣医さんが話しているあいだ、わたしはずっと犬をなでていました。なんて柔らかくて、なんてかわいらしいんでしょう。

家に連れて帰ったときも、犬は眠ったままでした。キッチンに毛布をしいて、その上に犬をそっと寝かせました。わたしは犬から片時も目を離すことができませんでした。

「元気になってくれればいいなあ」

心配にはおよびませんでした。犬はみるみるうちに元気を取り戻しました。でも、ここで大問題が浮かび上がってきました。この犬がどこから来たのか、誰に飼われていたのか、わからなかったのです。このまま飼ってもいいのでしょうか？　心配で力が抜けてしまいそうでした。両親に飼えないと言われたらどうしよう？　だって、うちにはあまりお金がないのですから。

もちろん、わたしたちは飼い主が名乗り出てくるのを待たねばなりませんでした。わたしは、見つからなければいいとひそかに祈っていましたけれども。まず父が届け出をし、それから近くの動物保護施設にも電話をかけました。でも、誰も白い犬のことを知りませんでした。

こうして一緒に過ごすうちに、両親にとってもこの犬は大切な存在になりました。いつしか、犬は家族の一員になっていました。

そうしているあいだに、犬はすっかり元気になりました。

ある日、わたしは犬とくたくたになるまで遊びました。それから朝食のテーブルに着くと、両親はまたもお金のことで言い合いをしていました。一番聞きたくない話です。だって、わたしにはちっとも理解できませんし、お金の話をしているときは誰も楽しそうではないからです。

会話が途切れたところで、わたしはもっと大事なことに話題を向けました。

「そもそもこの犬、何て名前なのかな？」

犬の名前を知らなかったことに、わたしたちは突然気づいたのです。

このままではよくありません。犬にだって名前が必要です。わたしは毛布の上で寝ている白い犬を見つめました。でもいい名前が浮かんできません。わたしは考えこんでしまいました。

そのあいだに、両親はまたお金のことで言い合いを始めていました。父が不意に大きなため息をついて言いました。

「マネー、マネー、マネー……世の中、何でもかんでもお金しだいだ！」

すると眠っていた犬が突然起き上がって、父のほうに歩きかけました。

「マネー！」わたしは叫びました。「マネーって呼んだらこっちに来るわ」

犬はすぐさまわたしのところへ走ってきました。

「名前は『マネー』がいいわ。この子が自分で選んだんですもの」

わたしは思ったことを言いました。でも母は乗り気ではありません。

「マネーは英語で『お金』の意味よ。犬をお金って呼ぶなんて、ちょっとふざけてるわ」

反対に、父はおもしろがって言いました。

「いいじゃないか。おれたちが『お金』って呼べばお金が走ってくるんだ。そうすりゃおれたちの心配ごともなくなるってわけだ」

これがほんとうのことになるなんて、父もこのときはもちろん知りませんでした。

こうして、このラブラドール犬は「マネー」と名づけられたのです。

6週間たっても、マネーがどこから来たのかわからないままでした。でも、わたしはそんなことちっとも知りたくありませんでした。飼い主がわかったら、マネーを返さなくてはいけないかもしれないからです。マネーにはずっとうちにいてほしかったのです。

両親もすっかりマネーに慣れていました。いつか飼い主がやってきて、マネーを連れていってしまうんじゃないかという不安はいつもどこかにありましたが、こうしてマネーはわたしたちと暮らすことになりました。マネーとわたしが親友になったことは言うまでもありません。

事件が起こったのは、半年ほどたったころのこと。マネーは、ほんとうに信じられないくらいかわいらしくて、がまん強く、かしこい犬でした。こんなにかしこい目をした犬は見たことがありません。わたしの言うことがわかっているにちがいないと思うときもありました。

日曜日になると、わたしたちの住む町を流れる大きな川のほとりをみんなでよく散歩しました。その大きな川は、ほんのちょっぴりですが、海のように見えるのです。とくに橋の下のところは流れがとても激しくなっていて、危険でした。

あの日曜日、マネーの心のなかで何が起こっていたのかは知るよしもありません。午後の散歩に出かけると、マネーが不意に走っていなくなってしまったのです。わたしたちはマネーの名前を呼びながら、必死で探しました。

すると突然、マネーが川のなかを漂っているのが目に入りました。どうやって川に飛び込んだのかは、いまでもわかりません。この場所で川に入ってはいけないことは、マネーも知っていたのですから。

流れがあまりに激しく、マネーは橋のほうに流されていきます。2本の支柱のあいだに網が張ってあって、ちょうどそこにマネーは引っかかってしまいました。

マネーを助けなきゃ！　わたしは川に飛び込みました。落ち着いて考えている暇などなかったのです。すべてはあっという間でした。わたしは水を飲みこんでパニックになりました。

目の前が真っ暗になりました。そのあとどうなったのかは覚えていません。

あとから両親が話してくれたところによると、わたしは、マネーがからまっていたのと同じ網に引っかかったのだそうです。さいわいなことに水上警察のボートが近くを通りかかりました。わたしは気を失う前にマネーを両腕に抱いていたにちがいありません。いずれにせよ、水上警察の人たちはわたしとマネーをほぼ同時に水から引きあげてくれました。

彼らは手をつくして、わたしの息を吹き返させてくれました。さいわいにも、病院には数時間いるだけですみましたが、まだ体が弱っていて、数日はベッドで寝ていなくてはなりませんでした。

マネーはずっと早く元気になりましたが、わたしのベッドのそばから離れようとしませんでした。何時間もわたしの前に座って、わたしを見つめるのです。多くの人は知らないことですが、犬は深い感謝のまなざしで見つめることができるのです。

マネーは何時間も、やさしく、感謝の気持ちをこめてわたしを見つめていました。でも、このあとどんなことが起こるのか、もちろんわたしはまだちっとも知りませんでした。

そうこうするあいだにわたしは12歳になっていました。事態は何も変わっていません。両親は相変わらず、「不況《ふきょう》」というものに苦しんでいました。つまり、うちがお金に困っているのは世のなか全体の経済状況のせいだと言うのです。

「でも、友達のモニカの家はどうしてどんどんお金持ちになっているの？　モニカの家だって同じように『不況』の影響を受けているはずなのに」

そんなわたしの質問は、不機嫌な顔で無視されてしまいました。

父の仕事は、売り上げが思わしくない状態が何か月も続いています。母は時々、「家なんか買わなければよかったわ」と言います。こんな考えはまったく時間のむだだと思います。だって、過去はもう変えようがないんですから。それに、家を買わなければマネーを飼うことはできませんでした。だからこれでいいのです。

ある日、不思議なことが起こりました。わたしは、パソコンをもっていませんし、お店が遠いので、好きなグループの新しいＣＤを電話で注文することにしたところでした。ちょうどテレビでコマーシャルを流していて、電話番号が出ていたのです。

わたしは電話の前に座り、番号を押し始めました。

すると突然、声が聞こえてきました。

「キーラ、ほんとうにそのＣＤを買っていいのか、まずよく考えなくちゃ」

びっくりして、わたしは部屋を見回しました。ドアは閉まっていますし、部屋にはわたししかいません。これは、ほかの人間はいないという意味で、もちろんマネーはわたしのそばにいました。

「気のせいかしら……」

　少ししてから、わたしはびっくりして置いてしまった受話器を再び取り上げました。番号を押し始めると、突然、また声がしました。

「キーラ、そのＣＤを買うと、今月の君のおこづかいはほとんどなくなってしまうよ」

　わたしの前には、マネーが首をちょっとかしげて立っていました。いまの声はマネーから聞こえてきたようでした。でもまさか。

「犬が話せるはずないわ。マネーがいくらかしこい犬だってそれは無理よ」と思いました。

「ずっと昔、犬はみんな、少しばかり話せたんだよ。人間とはまったくちがう方法でだけどね。その後、この能力は退化してしまった」マネーがわたしを見つめて言います。「だけど、ぼくは話せるんだ」

　わたしは急いで腕をつねってみました。あいたっ、夢ではありません。

　そのあいだ、マネーはわたしを見ていました。それから、また声が聞こえてきました。

「そろそろ落ち着いて話ができるかい？　それとも、まだつねっていたい？」

　うまく説明できませんが、突然、マネーの声が聞こえるということがまったくふつうで正しいことのように思えてきました。まるで、もう何年もお互いに話をしてきたかのように感じたのです。ただ変に思えたのは、マネーがしゃべるときに口をまったく動かさないことでした。

「ぼくたち犬は人間よりずっと進歩したやりかたで話ができたんだ。伝えたいことがあれば、その考えを直接、相手の頭のなかに送るんだよ」とマネーが言います。「だから、君が何を考えているかもわかる」

これにはまったくびっくりしてしまいました。

「あなたにはわたしの考えていることが全部お見通しってこと？」わたしは尋ねました。そして急いで、何を考えたかを思い出そうとしました。

ところがマネーがわたしの考えをさえぎります。

「もちろん、君の考えていることはわかるよ。二つの生きものが近くにいれば、相手の考えはいつもある程度はわかるものだ。だから、両親がお金に困っているせいで君がずいぶん悲しい思いをしていることもわかってる。それに、君が同じあやまちを犯そうとしていることも。お金とうまくつきあえるかどうかは、とても早い段階で決まるものだからね。

ふつうなら、ぼくは君と話をするべきじゃない。こんなことが科学者に知れたら、ぼくは檻《おり》に閉じこめられて、いろんな実験台にされるだろうからね。だから、ぼくは自分の能力について誰にも話さなかった。でも、君は命を危険にさらしてぼくを助けてくれたから、特別なんだ。だけどこのことはぼくたちだけの秘密だよ。誰にもしゃべっちゃいけない」

わたしはマネーに聞きたいことがたくさんありました。マネーがどこから来たのか、前の飼い主はどんな人だったのか、どこの犬に傷つけられたのか……。ところが、マネーがわたしをさえぎります。

「ぼくたちが語り合えるってことは大きな贈り物なんだ。あとになったらもっとよくわかるよ。でもいまは、あれこれ質問して時間をむだにするべきじゃない。一つのテーマ、そう、お金のことについてだけ話し合おうよ。リスクはできるかぎり小さくしたいからね」

「それなら別にもっとおもしろいテーマがあるんじゃないかしら」とわたしは思いました。それに、「人生お金がすべてじゃないわ」と母もよく言っています。

「うん。ぼくも、人生でお金が一番大事なものだとは思わない。でも、なにもかもがうまくいかないとき、お金はすごく大切なんだ。ぼくたちが川でおぼれそうになったときのことを思い出してみて。ぼくたちはとにかく川から脱出しなきゃならなかった。ほかのことは二の次だったろ？　いまの君の両親も同じだよ。お金のことばかり話さなくちゃいけないくらい、お金に困ってる。いわば、まさに川でおぼれかかっているんだ。

ぼくは、君が彼らとはちがう行動をして、同じような状況に陥《おちい》らないようにする助けになりたいんだ。君さえよければ、お金が君の人生でいかに幸せをもたらす力になるかを教えてあげるよ」

わたしは、両親にもっとお金があったらいいのにと思うことはもちろんありますが、お金についてきちんと考えたことは一度もありませんでした。それに、犬にお金の相談相手がつとまるのかしら、というかすかな疑問もわいてきました。

「いまにわかるよ」マネーがわたしをさえぎりました。ちょっと得意げな笑みさえ浮かべているように見えます。「でも、もっと大事なことがあるんだ。ぼくは、君がほんとうに望んでいるときにしか君を助けられない。だから何を望んでいるのかをよく考えてほしいんだ。君たち人間は考えがすぐあやふやになったりするからね。そのためには、時々考えたことを書きとめるといいよ。明日までに、お金があったら何をしたいのか、願いごとを10個、書いてきてくれないかな。それで明日の夕方4時、一緒に森へ散歩に行こう」

わたしは、お金についてあれこれ学ぶにはまだ早すぎる気がしました。それに両親を見ていると、お金はちっとも愉快《ゆかい》なものではありません。

マネーはもちろんわたしの考えを読んでいます。すぐに声が聞こえてきました。

「はっきり言おう。両親がこんなに困っているのは、君くらいの歳《とし》のときにお金とのつきあいかたを学ばなかったからだよ。中国の賢人が言ってる。『大事は小事のうちになせ。すべての大事は小事に始まる』ってね。お金にはちょっとした秘密や法則があって、それを君に教えたいんだ。ただし、君がほんとうに望まなければできないけどね。そのために10の願いごとを見つける必要がある。それまでは、もう話さないことにしよう」

その日の残りは考えこむばかりでした。マネーが科学者たちの実験台になるのは絶対にいやでした。わたしは、マネーが狭い檻に閉じこめられ、何本ものチューブにつながれているようすを思い描きました。そんなことはあってはいけません。わたしは、マネーが「しゃべれる」ことを誰にも言うまいと決心しました。

そうして結局、この奇跡について、あまり深く考えすぎないことにしました。そうしなければ、まったく先へ進めないと感じたのです。

いますぐにお金について考えなければならない、ということにはまだ納得がいきません。でも、中国の賢人の言葉を思い出しました。「大事は小事のうちになせ」。これはどういう意味でしょう？

ふと、こんな考えが浮かびました。これは、ご近所さんが飼っているテリア犬のヘンリーと同じことかもしれません。ご近所さんのもとへ来たとき、ヘンリーはもう5歳でした。ヘンリーはちっとも言うことを聞きません。ご近所さんはいつも言っていました。

「ヘンリーはいまさらどうにもならない。犬をしつけるなら、ごく幼いときのほうがずっと簡単だよ」

わたしの両親もお金についてはヘンリーと同じだったのではないでしょうか。マネーもそのことをわかって話しているようでした。

というわけで、わたしはお金持ちになりたい理由を10個見つけなければなりません。簡単なことではありませんでした。だって、わたしのたいていの願いごとはそんなにお金がかからないのですから。3時間かけて、わたしはリストをつくりました。

1. 18段ギアのついたトレッキングバイクがほしい
2. 好きなだけCDが買いたい
3. 前からほしかったすてきなスニーカーが買いたい
4. 200キロ離れたところに住んでいる一番仲良しの友達と、もっと長く電話でおしゃべりしたい
5. 夏に交換留学プログラムでアメリカに行きたい。そうすれば英語もうまくなる！
6. 両親を借金から救いたい
7. 両親をイタリアンレストランに招待したい
8. わたしほど幸せではない、貧しい子どもたちを救いたい

9. デザイナーズブランドの黒いジーンズがほしい
10. パソコンがほしい

リストを書き終えてみると、「お金持ち」になることが急に価値あることのように思えてきました。お金持ちならどれも簡単にかなえられるはずですし、もっとおもしろいこともできるでしょう。

４時になるのが急に待ちきれなくなってきました。だって４時になったら、どうすればお金持ちになれるのか、聞くことができるのですから……。

【1章のポイント】

●お金は人生で一番大事なものじゃないかもしれない。でも、なにもかもうまくいかないとき、お金はすごく大切。
●お金との正しいつきあいかたを知らないせいで苦労している大人はとても多い。だから、お金の勉強はなるべく早いうちに始めること。
●自分がほんとうに何を望んでいるのかを知るために、まず「お金があったらしたいこと」を10個考えて、書き出してみよう。

2章 自分の目標を決める

宿題なんかほとんど手につきませんでした。4時になって急いで庭に飛び出すと、マネーはもうそこで待っていました。

わたしはマネーにリードをつけると、一緒に森のなかへ歩いていきました。「隠れ家」に着くまで、わたしには口をきく勇気はありませんでした。

わたしたちの隠れ家は、木イチゴのしげみの真ん中にぽっかりとあいた空間です。そこまでは、しげみのなかの細いすき間を5メートルほど這《は》っていかなくてはなりません。そのなかにちょっとしたスペースを見つけたのです。とてもいい感じです。わたしとマネーのほかは、誰もこの隠れ家を知りません。

わたしはとてもどきどきしていました。マネーがまだ話すことができたらいいのだけど……。尋ねたいことはたくさんあったのですが、マネーがお金についてしか話したがらな

かったことを思い出したので、黙って待っていました。

マネーがわたしを見て言いました。「キーラ、お金があるのは君にとって意味があることだってわかったかい？」

「もちろんよ」わたしは急いでポケットからリストを取り出しました。

「読んで聞かせてよ」マネーに促されて、わたしは10の願いごとを読みあげました。

するとマネーが尋ねました。「それで、どれが君にとって一番大切な願いごとなの？」

「ぜんぶ大切よ」

「そうだろうね。でも、もう一度リストをじっくり眺《なが》めて、一番大切な三つに丸印をつけてくれないかな」

わたしはもう一度リストを見つめました。どの三つがほかの願いごとより大切かを決めるのはとても難しいことでした。

やっとのことで心が決まり、次の三つに丸をつけました。

1．来年の夏、交換留学生としてアメリカのカリフォルニアに行きたい
2．パソコン（できればノートパソコン）がほしい
3．両親が借金を返す手助けをしたい

「とてもいい動機だね。かしこい選択だよ。きっとうまくいくよ」マネーはとてもうれしそうです。

わたしは誇らしい気持ちになりました。とはいえ、わたしにはこの授業の意味がよくわかっていませんでした。するとマネーはまたしてもわたしの考えを読んだらしく、突然答えが返ってきました。

「たいていの人は、自分がほしいものは何なのか正確にはわかっていないんだ。わかっているのは、もっとほしいということだけさ。

人生を大きな通販会社のようなものだと想像してみるといい。君が通販会社に『何かすてきなものを送ってちょうだい』と頼んでも、何も届かないだろう？　ぼくたちの願いごとはみんなそれと同じだよ。ほしいものを手に入れるには、何を望んでいるのか、自分できちんとわかっていなくちゃならないんだ」

わたしは疑問を抱きました。「それは、自分の望みがわかっていれば、望むものがすべて手に入るということなの？」

「もちろん、そのためにはしなくちゃならないことがあるけどね。でも、その最初の一歩を君はもう踏み出したんだよ」

「わたしの望みをリストにしたってこと？」

「そのとおり。さて、これから君はこの願いごとリストを毎日眺めるようにするんだ。そうすることでくり返し思い出すことになる。そうすると、願いごとを実現させるために何をすればいいかがだんだんわかってくるよ」

「うまくいくかどうか不安だわ」

わたしが疑わしげに言うと、マネーはわたしをじっと見つめました。

「そんな考えで始めても、ぜったいにうまくいかないよ。でも、これから言う三つを実行すれば、君の考えはすぐに変わるよ。第一に、何も貼っていないアルバムを用意して、それを君の『夢アルバム』にするといい。そして、君のほしいものの絵や写真を探して、それをアルバムに貼るんだ。つまり、イメージで考えるってことだね」

「イメージで考える？」

「言葉で考えるんじゃないってことさ。たとえば君がカリフォルニアのことを考えるとき、『カリフォルニア』という文字を思い浮かべるかい、それともなにか光景を思い浮かべるかい？」

たしかにマネーの言うとおりです。ディズニーランドやゴールデンゲートブリッジ、ハリウッドサインなど、カリフォルニアのすてきな光景がすぐに頭に浮かんできました。

「わかった。アルバムと写真を手に入れるわ。それでもまだ、なぜイメージで考えるべきなのか、よく理解してないんだけど」

「物ごとには、それがなぜ、どういうしくみで働くのかなんて、正確にわかっていなくてもかまわないときがあるよ。大切なのは、それが役に立つということさ。たとえば、君は電気のしくみを説明できるかい？」

そんな質問をされるとは思ってもいませんでした。なぜマネーはよりによって電気のことを聞くのでしょう。重力についてなら、学校で習ったばかりだったので、少しは何か言えたかもしれないのに。

マネーはかまわず続けます。「電気のしくみをきちんと説明できなくても、スイッチを押せば明かりがつくだろ。ぼくたち犬は理屈をくどくど話すのは好きじゃない。それが役に立つってことがわかれば十分さ。だから、君はアルバムを手に入れて写真を貼ればいいんだよ」

「ちょっと聞いてみただけなのに」わたしは口をとがらせました。

すぐに答えが返ってきました。

「それはそれでいいんだ。ただね、そのせいで、やると決めたことをその場でやらなくなっちゃだめなんだ。ためらってばかりいる人があまりにも多いからね。決めたことはさっさとやるほうがずっとかしこいんだよ」

「わかったわ。やってみる」わたしは約束しました。

ところがマネーの声がわたしをさえぎりました。

「『やってみる』じゃなくて、『やる』んだよ。何かをやってみようと言う人は、それがうまくいかなくて結局は失敗するんだって心のどこかで考えているんだ。やってみるというのは、失敗を前もって言い訳しているにすぎない。やってみる、じゃなくて、やるか、やらないかだよ」

わたしは少し考えこみました。父も、まさにこの言葉をしょっちゅう使っています。いつも「今日は新しいお客を獲得《かくとく》してみよう」と言っていますが、たいてい獲得できていません。たしかに「やってみる」という言葉のなかにすでに失敗のもとがあるのかもしれません。そういうわけで、「やってみる」という言葉を使わないようにしてみようと決心しました。

するとマネーが小さくうなりました。

「ああ、だめ、また言っちゃった。これからは『使わないようにしてみよう』じゃなくて、『絶対使わない』ね」

「ね、それほど簡単じゃないだろ？」

そういえば、マネーは三つのことをやれば願いごとが実現すると思えるようになると言っていました。一つめは夢アルバムをつくることでした。でもあとの二つは何でしょう？

すぐに答えが返ってきました。

「二つめに君がやることは、アルバムに貼った写真を毎日何回か眺めることだよ。そして、自分がアメリカにいるようす、ノートパソコンを手に入れているようす、それからお父さんが借金を返していばっているようすを想像するんだ」

「それじゃ夢を見てるみたいね。お母さんは白昼夢《はくちゅうむ》を見てはだめだっていつも言ってるけど」

「それは『視覚化』というんだ。人生で何事かを成しとげた人はみんな、まずそれを夢に描いている。目標を達成したらどうなるかを何度も心に思い描いているんだ。もちろん、それがただの夢で終わってはだめだけどね。きっとお母さんが言いたいのもそういうことだよ」

なんだか、すべてがとてもおかしく思えてきました。お金についての最初の授業は、わたしが想像していたのとはまったくちがっていたのですから。

「それが学ぶということだよ。新しい考えかたや新しいアイデアを知ることだ。ずっと同じ考えかたをしていたら、得られる結果もまた同じだよ。

これから君にたくさんのことを教えるつもりだけど、それは君にとってはとても新しいことだから、実行しないうちから決めつけないようにすることだね。目に見えるように思い描かないで目標を達成できた人なんていない。人生にはね、物ごとに集中していると、その物ごとも育っていくってことがあるんだよ。でもたいていの人間は、望んでいないもののことばかり考えて、望んでいるものを思い描こうとしないんだ」

「三つめは、『夢貯金箱』をつくることだ」とマネーが続けました。

「夢貯金箱？」

「そうさ、お金がないとカリフォルニアにも行けないだろ。お金持ちになるための一番の方法は夢貯金箱だ。なんでもいいからふたのついた入れ物を探して、それを貯金箱にすればいいだけさ。そして、ふたに君の夢を書くんだ。ただし、一つの夢に一つの貯金箱が必要だよ。夢貯金箱をつくったら、君が使わずにとっておけるだけのお金を入れるんだ」

「でもそうしたら、たくさんの貯金箱をつくらなきゃいけないし、それぞれに１００円ずつ入れたとしたって、お金が貯まるまでにわたしは20歳を超えちゃうじゃない。それに、そんなことをしたらほかのことに使うお金がなくなっちゃう」

マネーは静かにわたしを見ていました。

「ねえ、君ははじめから失敗する理由ばかり考えているよね」

「そうかもしれないけど」わたしはぶつぶつ言いました。「でも、だったらもっとおこづかいをもらうことを考えたっていいいんじゃない。いまの2倍もらえたら最高だわ」

「キーラ、いまは信じられないかもしれないけど、たとえ10倍のおこづかいをもらったって、問題は大きくなるだけだよ。収入が増えれば、そのぶん支出も増えるものだからね」

いくらなんでも大げさです。10倍のおこづかいがあれば、天国にいるような生活ができるはずです。

でも、マネーは引き下がりませんでした。

「君の両親を見てごらん。君の10倍どころか、100倍以上のお金をもってる。それでもうまくやっていけていないいんだ。お金がどれだけあるかはあまり重要なことじゃないんだよ。もっと大事なのは、お金とどうつきあうかだ。ぼくたちはまず、いまもっているお金とうまくつきあうことを学ぶべきなんだ。そうしてはじめて、もっとたくさんのお金を得られるようになる。でも、これについてはまた詳しく話すとして、いまは夢貯金箱に戻ろう。すぐに始めたらどうだい」

「でも、そんなにたくさん貯金箱があったらわけがわからなくなるわ」

「だからリストのなかから一番大事なものを選んだんじゃないか」

わたしはもう一度リストを見ました。そうです。わたしにとって一番大事なのは、アメリカ留学、ノートパソコン、そして両親を借金から救うことでした。最初の二つについては夢貯金箱をつくることができそうです。でも、両親の借金については絶望的に思えました。

「そのとおり」マネーがわたしの考えを読んで言いました。「両親の借金のことは2、3日のうちに話すことにしよう。君が思っているよりずっと簡単だよ。とにかく、君は二つだけ夢貯金箱をつくればいいんだ。それならできるだろ」

「わかったわ、やってみる……じゃなくて、やります」

「じゃあ、すぐに始めて」

わたしはびっくりしました。「いま、ここで？」

マネーはうなずくだけです。

それで、わたしは目を閉じて、まず、自分のパソコンで宿題をやっているところを想像しました。パソコンを使うとずっと見栄《みば》えがいいですし、修正も簡単にできます。成績もよくなるにちがいありません。それに、おもしろいゲームもできます……。

次に、3週間カリフォルニアで過ごすことを想像しました。わたしは親切なホストファミリーのところにホームステイしています。すてきな友達ができ、一緒に楽しい時間を過ごします。誰かとこんなにわかり合えたことはありません。それから、たくさんの知らないことを学びました……。

その合間に、父がわたしを空港まで送ってくれるところも想像しました。もう借金がないので、とても上機嫌で、いばっています。いばっているのはいやですが、父がこんなに幸せそうだとうれしいです。

しばらくして、わたしは目を開けました。

「どうだった？」マネーがすかさず尋ねます。

「ほんとうにすてきだったわ。だけど、これがどうして役に立つのかわからないわ」

「電気のことを思いだしてよ」マネーが言いました。「納得する必要はないんだ。役に立つってことだけわかっていればいい。それに正直言うと、ぼくもあまり正確には教えられないし。あるかしこいカモメがこう言ってたよ。『飛び立つ前に、到着したときのことを知っておけ』ってね。君は、願いごとをすでにかなえている自分をイメージするんだ。そうすれば、はかない望みだったものが強い願望になる。カリフォルニアに行きたいという願いがどんどん強くなっていくんだ。そうして、君は望みを実現させる可能性を探し始める。

キーラ、可能性というものは十分にあるんだよ。でもそれは、探さなければ見つからない。そして可能性を探そうとするのは、強い願望があってこそだろ。目に見えるようにイメージすることで、強い願望が生まれるんだ」

「そのとおりかもしれないわ」わたしは考えながら言いました。「カリフォルニアに行くってことをこれまで真剣に考えたことはなかったの。一度、お母さんにおそるおそる相談してみたことがあるけど、『とんでもない』って。だからそれ以上はあまり考えてなかったのよ。でもいま、急に前よりもっと行きたくなってきたわ」

マネーが満足そうにのどを鳴らしました。

「これは、ごほうびにおいしいビスケットをもらってもいいよね」

わたしはびっくりしました。マネーがわたしの先生になってからというもの、マネーを犬として見てなかったのです。急いで考え直さなくてはなりませんでした。すぐに犬用のビスケットをやると、マネーはうれしそうにぺろりと平らげました。

マネーに聞きたいことはもっといろいろありました。だって、いきなりこんなにたくさんの秘密ができたのですから。マネーがわたしとはお金の話しかしないと言ったので、質問するのは遠慮していましたが、どうしても気になることがありました。

「マネー、こんなことをどうして知ってるの？」

「だって犬はとてもかしこいからさ」

「ああ、そうね。でも、ほかの犬はどうなの？　ボクサー犬とかプードル犬とか？」

「ぼくはとてもお金持ちの人に飼われていたからね。でもその話はいまはやめよう。いつかわかるよ。そのときが来たらね。そろそろ戻らないと、もうずいぶん遅い時間だ」

マネーの言うとおりです。そろそろ夕食の時間になっていました。わたしたちは走って家に帰りました。

食事中、わたしはあまり食欲もなく、まったくうわの空でした。母が心配そうにわたしを見ました。

「キーラ、どうかしたの？」

わたしは大きなため息をついただけでした。何も言うことができなかったのです。考えなくてはいけないことや不思議なことがあまりにもたくさんありました。

ようやく夕食が終わり、わたしは自分の部屋へ引っこむことができました。

わたしはすぐにやるべきことを始めました。まずアルバムです。わたしは古い記念帳を取り出しました。これできっと用が足りるでしょう。それからノートパソコンとカリフォルニアの写真を貼ろうとしましたが、おどろいたことに、手もとには写真もパンフレットも何もないのです。これまで自分の願いごとを真剣に考えていなかったことにあらためて気づきました。そして、明日すぐにパンフレットを手に入れようと決めました。

せめて夢貯金箱くらいは今日のうちにつくれそうです。家じゅうを探しまわって、ようやくチョコレートの空き箱を見つけました。そこに、貯金箱のように切れ目を入れました。ふたの上にペンで大きく「ノートパソコン」と書き、セロハンテープで箱を閉じました。写真が手に入ったら、一番すてきなノートパソコンの写真を箱の上に貼ろうと思いました。大きな写真なら、ふた全体を覆うように貼ることができます。そうすれば、その箱がお金の投入口がついたノートパソコンのように見えることでしょう。いい考えです。それから父の葉巻の箱を探し出して、その上に「カリフォルニア」と書きました。

貯金箱はできました。でも、何を入れたらいいでしょう？　当時、わたしはひと月に2000円のおこづかいをもらっていました。CDを1枚買うのがせいぜいです。わたしは考えました。たとえば、いまそれぞれの箱に500円ずつ入れると、CDを買うお金はなくなってしまいます。難しい決断でした。でも、つまるところ近い将来にたくさんのCDをもっているか、大きな目標を達成するかのどちらかだという気がしました。それなら、CDを買うのを2、3か月に1回にするほうがいいでしょう。そうすれば、おこづかいの半分を貯金できます。この考えがだんだんよく思えてきました。それで結局、それぞれの箱に500円ずつ入れました。

誇らしい気持ちで貯金箱を眺めました。突然、それらがすごいものに思えてきました。

これでうまくいかないはずはない、という感じです。

ベッドに横になりましたが、すっかり興奮していました。今日はなんてたくさんのことを学んだんだろう。生活が突然こんなにもわくわくしたものになるなんて。あんなすごい犬を飼ってる人はほかにはきっといないわ。

そうするうちに、わたしは眠りに落ちました。マネーとアメリカとノートパソコンの夢を見ていました。

【2章のポイント】

- たいていの人は、じつは「自分のほんとうの望み」を知らない。
- 夢や目標は、「夢アルバム」をつくり、写真や絵を貼って、目に見える形にしておこう。そして夢や目標を達成したらどうなるか、何度も心に思い描いてみよう。そうすると、はかない望みが強い願望に変わり、実現させる可能性を探すようになる。
- 夢や目標を実現するための「夢貯金箱」をつくって、使わずにとっておけるお金を入れよう。
- 決めたことはすぐにやる。そして「やってみる」ではだめ。「やる」！
- 最初は、お金がどれだけあるかはあまり大事じゃない。大事なのは、お金とどうつきあうかを学ぶこと。そうしてはじめて、もっとたくさんのお金を得られるようになる。

3章 誰かが喜んでお金を払ってくれるのはどんなとき？

「キーラ、もう起きないと！」

母の声が聞こえました。母が起こしてくれなかったら、寝坊するところでした。人が時々寝すごしてしまうのは、もう少し夢を見ていたいからではないでしょうか。

わたしはベッドのなかで伸びをしました。母がカーテンを開け、朝の光が差しこんできました。母はわたしの部屋の散らかりようを見て、とがめるような顔をしました。

そのとき、母の目が夢貯金箱に向けられました。母はそれを一つずつ手に取り、その上に「ノートパソコン」「カリフォルニア」と書かれているのを見ると、額にしわを寄せました。

「これはいったいなあに？」と母が尋ねました。わたしは真っ赤になりました。

「わたしが交換留学でアメリカに行きたがってるのは知ってるでしょ。それに、パソコンがあれば宿題がもっとよくできると思って。だからそのために貯金するのよ」

　母はあっけにとられたようすでわたしを見つめました。手にはまだ、それぞれ貯金箱をもっています。母が貯金箱をふると、なかで硬貨がちゃりんちゃりんと音を立てました。

「あら、ほんとにお金が入ってるわ」母がおどろいて言いました。「いったいいくら？」

　答えるのはいやでした。

「500円」わたしは小声で言いました。

「ふうん、ノートパソコンに500円、アメリカ行きに500円。それじゃ長続きしそうにないわね」

　母はくすくす笑い始めました。

「アメリカ行きに30万円かかるとしたら、ええっと……」

　母は暗算を始めましたが、あまり得意ではないのです。

「ひと月500円かける12か月で1年に6000円、10年で6万円……これじゃ、行けるようになるまでに50年もかかるじゃないの」

　やっとのことで計算し終わった母は大笑いしました。

　笑われたことがくやしくて、自分がばかに思えて、涙が出てきました。母に泣き顔を見せたくなかったので、必死にこらえようとしましたが、こらえきれませんでした。それでいっそう自分に腹が立ちました。

母は部屋から出ていくと父を呼びました。「ねえお父さん、わたしたちの娘はお金の天才よ。あの子はもうすぐカリフォルニアへ飛ぶんですって、アハハ」

もうがまんできませんでした。わたしは廊下《ろうか》に向かって叫びました。

「見てるといいわ、来年の夏休みには飛ぶんだから。でもお父さんとお母さんには絵はがき1枚だって出さないから！　借金を抱えたままでいればいいんだわ。わたしは助けないからね！」

わたしはドアをバタンと閉めました。

ベッドに倒れこむと、わんわん泣きました。自分に腹が立っていました。何も言わなければよかった。貯金箱なんて踏みつぶしてしまえばいい。こんなばかばかしいこと、うまくいくわけない。学校から帰ったらまっ先にマネーにこう言ってやろうと思いました。

「何もかもばかげてるわ。おばあさんになってからアメリカに行くなんて、ひどいペテンよ！」

学校へ行ってもおもしろくありませんでした。わたしはまったくうわの空でした。さいわいなことにテストも筆記の課題もありませんでした。あればきっとしくじっていたでしょう。となりに座っている友達のモニカとも話をしませんでした。わたしは黙りこくって前を見つめていました。学校が終わるのが待ちきれませんでした。

休み時間になると、わたしは急いで外に出ました。一人でいたかったのです。でも、モニカが追いかけてきて、わたしに追いつきました。

「いったい何があったの？　具合が悪いの、それとも何かなくしたの？　親とけんかしたの？　それなら大丈夫、またおさまるわよ。それとも、まさかマネーの飼い主が名乗りでてきたとか……」

「どれもちがうわ」わたしはモニカをさえぎりました。そうしなければ質問攻めにされるところです。もともとモニカはよくしゃべるのです。しゃべりすぎなくらい。

モニカはあきらめず、しつこく聞いてきました。おしゃべりな人はみんなそうですが、彼女も好奇心旺盛《おうせい》なのでしょう。これ以上黙っているわけにはいかなくなりました。

マネーのことに触れないで話せることは何かと考えたすえ、夢貯金箱のこと、そして母に笑われたことを話すことにしました。

「だからどうしてもお金がたくさんいるのよ。それもすぐに」

そう言って、わたしは話を締めくくりました。

モニカはよくわからないといった顔でわたしを見ていました。

「それなら、おじいちゃんとおばあちゃんに相談すればいいじゃないの。きっとお金を出してくれるわよ。わたしならそうするわ」

「モニカ、うちのおじいちゃんとおばあちゃんは自分たちが生活するだけで精一杯なのよ」

モニカの家はお金持ちなのです。わたしの家とはちがいます。

「それなら、親戚のおじさんとおばさんに相談したら？」モニカが提案しました。

「頭にくるわね」わたしはモニカに言いました。「わたしにはお金持ちの親戚はいないのよ。だからお金をもらうチャンスなんてないの」

モニカが言い返してきました。「お金をくれる人がいないっていうのは、そのとおりかもしれないけど。でも一つ言えるのは、キーラがすぐにあきらめちゃうってことね。まったく試そうともしないじゃない。いつも最初から失敗することばかり考えてる。それじゃあ、何もうまくいきっこないわ」

ハッとしました。マネーも同じようなことを言っていたからです。

たしかに、モニカには文句をつけたいところがたくさんあります。でも彼女はどんなときもけっしてあきらめないのです。学校でも、モニカは特別に優等生というわけではないのですが、いつもどうにかして合格点を取ってしまうのです。

休み時間が終わり、わたしたちは教室に戻りました。失敗することばかり考えるのはやめよう――わたしはひそかに決心しました。

やっとのことで学校が終わると、わたしは走って家に帰りました。昼食を急いですませると、マネーにリードをつけて、一緒に森へ走っていきました。隠れ家に着くと、わたしは一気にまくし立てました。

「マネーのアイデアのせいでいやな目にあってばかりよ。お母さんが夢貯金箱を見つけてわたしのことを笑ったのよ。わたしがアメリカに行くまでには50年かかるって。それじゃあ、おばあさんになっちゃうじゃない」

マネーは黙ってわたしを見つめ、それから頭をたれました。少し悲しそうに見えました。ようやく、マネーの声がかすかに聞こえてきました。

「君はほんとうにアメリカに行きたいの？　ほんとうにノートパソコンがほしいの？」

「もちろんよ」わたしはきっぱりと答えました。これには自分でもおどろきました。願いごとをイメージすることや夢貯金箱やつくりかけの夢アルバムを通じて、ほしいと思う気持ちがいつしか確固たるものになっていたのです。

「いいぞ」マネーは鋭い目でわたしを見ました。「それが一番大事なことなんだ。どうやってほしいものを手に入れるかはすぐにわからなくてもいい。大事なのは『君がほんとうにそれを望んでいる』ってことだよ。そうでないと、やっかいなことにぶつかるとすぐにあきらめてしまうだろ」

そのとおりでした。母に笑われたことで、わたしはあきらめるどころか、負けるもんかという気持ちになっていました。ぜったいに目標を達成したいと思ったのです。

「それに、簡単に達成できるとは一度も言ってないよ」マネーが続けます。

「そうね。でも、お母さんがあんなふうに言うなんて全然予想してなかったから」

「災難ってのは、いつも予想外の方向からふってくるものだ。でもいまは、君がおばあさんになる前にどうやってお金をかせぐかを考えるべきだよ」

「そんなの、むだよ。モニカとも話し合ったんだけど、わたしにはお金を出してくれるお金持ちの親戚もいないし。絶望的だわ」

マネーが怒ったように前足で地面をかきました。

「失敗することばかり考えちゃだめだよ。働いてお金をかせげばいいじゃないか」

わたしは自分に腹が立ちました。最初から失敗すると考えるのはやめようと決めたばかりなのに。でも、12歳になったばかりの女の子がどうやってお金をかせげばいいのでしょう。

そのとき、アイデアが浮かびました。

「定期的に家の庭の芝刈《しばか》りをするのはどう？　きっと300円くらいはもらえるわ」

マネーはあまりいい顔をしません。

「君だって同じ家に住んでいて、庭も使ってるだろう。それなら手伝いをするのは当然じゃないか。そんなことで両親からお金をもらうわけにはいかないよ。それに、両親だって君のためにいろいろなことをしてくれるけど、その費用を請求したりしないだろ」

「そうね。それじゃ、どうやってお金をかせいだらいいの？」

「心配ないよ。あとで、デリルという男の子の話を聞かせてあげよう。ごくふつうの男の子なのに、たった17歳で億万長者になったんだ。でもその前に、大事なことを言っておかなくちゃ。お金をかせぐのに、いいアイデアがあるかどうかはそれほど重要じゃない。君がどれだけ有能かってこともそれほど重要じゃない。大切なのは自信だよ」

「自信？　それがお金をかせぐこととどう関係するの？」

マネーは、大事なことだと言わんばかりに、ゆっくりと体を起こしました。

「『自分に何かができる』と信じられるかどうか、それを決めるのが自信だよ。自分を信じられるかどうかということだね。何かを信じていなかったら、始めることすらできない。始めなければ、何もうまくいかないんだ」

きちんと理解できているかは不安でしたが、思い当たることがありました。少し前に、学校で筆記テストがあるのを忘れていたことがありました。当日の朝になって、クラスメートから今日はテストの日だと聞いたのです。でもわたしは、いまから急いで勉強すれば間に合うと思い、美術の授業をさぼって校庭のベンチでにわか勉強することにしたのです。おかげでまずまずの成績をとることができました。自分を信じていなかったら、にわか勉強を始めることすらなかったでしょう。

「すごいじゃないか、それこそが自信だよ」

マネーが喜んで言いました。わたしはマネーがわたしの考えを読めることをつい忘れてしまうようです。

「それほど自信があるわけでもないと思うけど」

「そうだね。でも、自信をつけるのは簡単なことだよ。どうすればできるか、知りたいかい？」

「知りたいわ」

「それじゃあ教えてあげる。使っていないノートか日記帳を用意して、表紙に『成功日記』と書くんだ。そして、うまくいったことをぜんぶそこに書くんだよ。できれば毎日、うまくいったことを五つ以上書くといい。ほんのちょっとしたことでかまわないんだ。

最初は大変かもしれない。それがほんとうに成功と言えるのかどうか、迷うこともあるだろう。でも、迷ったときは『成功』のほうに入れればいい。自信はたくさんつけたほうがいいからね」

マネーは少し考えてから続けました。「いますぐ始めるのが一番だよ。それでまた、夕食のあとに会おう。そのときにデリルの話を聞かせるよ」

できればデリルの話をすぐに聞きたかったのです。でも、マネーに対する信頼はどんどん大きくなっていました。マネーは何が肝心《かんじん》なのかをよくわかっているようでした。それで、わたしはうなずいて一緒に家へ帰りました。

家に着くと、わたしはすぐに自分の部屋に入りました。学校の理科の時間に使っていた古いノートを引っぱり出すと、書きこみをしていた数ページを破りとりました。それから、新しいラベルに「成功日記」と書いて表紙に貼りました。

今日の日付を入れて、書き始めることにしました。わたしはノートのまっ白なページをじっと見つめました。昨日うまくいったことは何だったかしら？　何も浮かんできません。夢貯金箱をつくったことは書いてもいいかもしれません。でも、それが役に立つのかどうかは自信がありません。それなのに書いてもいいのか迷いました。

そのとき、マネーが言ったことを思い出しました。

「迷ったときは『成功』のほうに入れればいい」

そうして、わたしはとにかく書き始めました。

1. 夢貯金箱を二つつくった。役に立つのかよくわからないけど、それでもつくった。つくっていなければ、どうしたって役には立たないのだ
2. それぞれの貯金箱に500円ずつ入れた
3. 夢アルバムをつくり始めた
4. 今日、わたしの「成功日記」を書き始めた
5. たくさんお金をかせごうと決めた
6. あきらめないと決心した
7. お金のこととお金をかせぐことについて、たくさん学んだ

わたしはリストを見つめました。急に、自分がえらくなったように思えてきました。こんなことをしている子どもはそうそういないはずです。自分でもちょっと変わっているような気がします。でも、並外れてすごい人はみんな、きっと少し風変わりなのでしょう。

宿題をおえて夕食をすませると、わたしはマネーと森へ行きました。いまは夏で、まだ明るいのです。

わたしはまず、成功日記について、うまくいったことを五つ以上見つけたと鼻を高くし

て報告しました。マネーは満足そうでした。

そして、デリルの話を聞くのがもう待ちきれませんでした。マネーもそれ以上わたしをじらすことはせず、話し始めました。

「デリルが以前、自分の身の上話をしたときに聞いた話なんだ。彼が8歳のとき、映画を見に行きたいと思ったことが始まりだった。彼にはお金がなかったから、根本的な問題に直面した。両親に頼んでお金をもらうか、自分でかせぐか、ということだ。

デリルは自分でかせぐほうに決めた。それで、レモネードをつくって街角に立って、通りがかりの人に売ろうとしたんだ。残念ながら、とっても寒い冬の日で、誰も買ってくれなかった。ある二人を除いてはね。それはデリルのお父さんとお母さんだった。

デリルはこのころ、とても成功した実業家と話をする機会に恵まれた。デリルが自分の『失敗』を話すと、その実業家は二つの大切なアドバイスをくれたんだ。

『いつもほかの人のために問題を解決しようとしなさい。そうすれば、どんどんお金をかせげるようになる。それから、自分が何を知っているか、自分には何ができるか、何が備わっているかをつねに考えなさい』

これはとても重要なヒントだった。8歳の男の子には、できることは限られていたからね。デリルは町じゅうを駆けまわって考えた。人々がどんな問題を抱えているのか、その問題を解決するために、自分の力で何ができるのか。

それは簡単なことじゃなかった。アイデアはなかなか浮かんでこなかった。でもある日、デリルの父親が、意図せずして彼を正しい道筋に向かわせてくれたんだ。

朝食のとき、父親はデリルに新聞を取ってきてくれるよう頼んだ。アメリカではね、新聞配達人は、家の前の生け垣《いがき》のところにある新聞受けに朝刊を入れていくんだ。朝、くつろいで朝食をとりながら新聞を読みたければ、ぬくぬくした家から出て、雨がざあざあ降ってるなか、家の前の新聞受けまで新聞を取りにいかなくちゃならない。たかだか20メートルか30メートルの距離だといっても、やっぱりいやなものだよね。

新聞を取りにいくあいだに、デリルにあるアイデアがひらめいたんだ。その日のうちに、彼は近所の家を訪ねては、『ひと月たったの1ドルで、毎朝、新聞を家のドアの下に差し入れてあげますよ』って申し出たんだ。たいていの人がこれに同意した。まもなく、デリルは70人以上の顧客《こきゃく》、つまりお客さんを抱えるようになっていた。最初のひと月が終わってはじめて集金したとき、彼はとっても幸せだった。

デリルは成功したけど、満足はしていなかった。彼はさらに別の可能性を探したんだ。いったん手がかりをつかむと、次々にアイデアが生まれた。デリルはお客さんに『家のドアの前にゴミ袋を出しておいてくれれば、毎朝それをゴミ収集場まで運びましょう。これもひと月1ドルでやりますよ』と申し出たんだ。彼はペットの世話もしたし、家の見回りもしたし、庭の水やりもやった。でも、時給では働こうとしなかった。そのほうがずっとたくさんのお金をかせげたからね。

9歳で、デリルはお父さんからパソコンの使いかたを教わった。彼は「広告」を書くことを学んだ。どうしたら子どもたちがお金をかせげるか、あらゆるアイデアを書きとめることも始めた。彼にはいつも新しいアイデアがひらめいていたから、それはすぐにたいそうなアイデア集になった。母親が帳簿つけを手伝ってくれた。そのおかげで、誰からいつ集金しなければならないかもひと目でわかるようになった。

デリルはほかの子どもたちを引き入れて、手伝ってもらった。子どもたちには、デリルがその仕事に対して受け取った報酬《ほうしゅう》の半分を支払った。こうして、まもなく相当な額のお金が彼のふところに入るようになった。

ある出版社が彼に注目して、本を書いてみないかと持ちかけた。タイトルは『子どもがお金をかせぐ250の方法』。この本は大ヒットして、デリルは12歳にしてベストセラー作家になった。

テレビ局がデリルに目をつけて、彼はたくさんの子どもむけ番組に出演するようになった。そこでわかったのは、彼はとってもテレビ受けがいいということだった。15歳で、彼は自分の番組をもつにいたった。こうして、信じられないくらいたくさんのお金をテレビ出演料や広告でかせいだ。17歳のとき、デリルは億万長者になっていたんだよ」

マネーは話の締めくくりに一つの質問をしました。「さて、デリルの成功のなかで、何が一番決定的な瞬間だったと思う?」

わたしはまだ感動にひたっていました。決定的だったのはテレビ出演だと答えようとしました。でも、本を出さなければテレビには出なかったでしょう。そして、お金もうけに成功していなければ、本を出すこともなかったでしょう……。

「そのとおり。デリルが自分のできること、知っていること、自分に備わっているもののことだけを考えたところから始まったんだ。子どもがたいていの大人よりたくさんのお金をかせぐのに、これで十分なんだよ。たいていの大人は自分にはできないこと、備わっていないもの、自分が知らないことばかりに夢中になって一生を終えてしまうからね」

「つまり、自信の問題なのね」わたしはピンときました。「でも、この町でうまくいくのかしら。デリルが住んでるアメリカでは、子どもがお金もうけをするのは、ずっと簡単なんじゃないかしら」

マネーが大きな声で吠《ほ》えました。それからハッと、自分の言ったことに気がつきました。まさに、自分にはできないこと、備わっていないもののことばかりを考えてしまっていたのです。わたしはアメリカに住んだことさえないのです。でも、この町でもきっと何かできるはずです。

急に勇気がわいてきました。お金をかせぐ方法を見つけられそうな気がします。

わたしはマネーの首をかいてやりました。マネーはとてもうれしそうで、まるで猫のようにのどを鳴らしました。少ししてから、わたしたちは家へ戻りました。

【3章のポイント】

- お金をかせぐのに大事なのは「自分ならできる」と信じること。つまり自信をもつこと。
- 自信をもつために、うまくいったことだけを書く『成功日記』をつけよう。
- ほかの人が抱えている問題を解決してあげると、人は喜んでお金を払ってくれる。
- つねに考えよう――問題を解決するために自分が何を知っているか、何ができるか、何が備わっているかを。

4章 好きなことを仕事にしよう

家に帰ると、わたしはベッドに横になって考えました。どうしてもお金をかせぐ方法を見つけなければなりません。でも、何をどうやって始めたらいいのでしょう。デリルがあれだけのことを成しとげたのはほんとうにおどろきです。だけど、彼はきっと例外だわ。それに、アメリカではいろんなことがもっと簡単にできるにちがいないわ。デリルは両親が何でもやらせてくれるような家の子だったようだし。それに、わたしじゃまだ若すぎるかもしれないし……。

そのとき、「自信」についてマネーが言っていたことを思い出しました。もっと自分を信じれば、物ごとはもっと簡単にいく。もう少しで、昨日と同じ落とし穴にはまるところでした。それで、さっさと成功日記を書いてしまうことにしました。すぐに思いついたことが二つありました。

1. 秘密を守ることができた
2. お母さんに笑われてもあきらめなかった

少し考えてから、さらに四つの「成功」を見つけました。

これらを書きとめながら、身近にデリルのような人がいるかしらと考えました。そういう人と話ができたら、きっとためになるにちがいありません。

ふと、いとこのマルセルのことを思い出しました。マルセルはわたしより10か月だけ歳上です。彼とは1年に1度か2度会うくらいでした。でもわたしの知るかぎり、彼にはいつもお金がありました。ただ、マルセルはいやなやつなのです。彼とまともに遊んだことは一度もありませんでした。それでも、いまはわたしを助けてくれるかもしれません。もう遅い時間でしたが、すぐにマルセルに電話をかけました。さいわい、彼はまだ起きていました。

マルセルが電話口に出るやいなや、わたしは用件を切り出しました。

「もしもしマルセル、キーラよ。大事な話があるの。わたし、来年交換留学でカリフォルニアに行きたいの。それでお金がいるのよ。うちのお父さんとお母さんには助けてもらえないわ。だから自分でかせがないといけないの」

マルセルは笑いました。

「そんなこと簡単さ。だけどおどろいたよ。おまえのこと、人形にしか興味のないくだらないやつだってずっと思ってたからさ」

思わず電話を切りそうになりました。なんて失礼なやつ！　カエルみたいな顔してるくせに！　でもどうにかこらえました。

「あんたっていやなやつね。そうは言っても、どうしていつもたっぷりお金をもってるのか、教えてくれない？」

マルセルは挑発的に答えました。

「てっきりすぐ電話を切って泣きわめくだろうと思ったよ。思っていたほど意気地《いくじ》なしじゃなさそうだな。ふうむ。あのな、お金をかせぐのってほんとうに簡単なんだぜ」

わたしは必死で涙をこらえていたのですが、気づかれないようにして、質問しました。

「簡単なことなの？」

マルセルはばかにしたように笑いました。

「お金はどこでだってかせげるんだよ。周りを見回してみればいいだけさ」

デリルも同じようなことを言っていました。

「でもねマルセル、わたしの友達にはお金をかせぎたがっている子が何人もいるけど、何も見つけてないのはどうしてかしら?」

「そいつらはきちんと見なかったってことだ。きっと人形遊びをしすぎたんだろ」

ほんとうに腹が立ってきました。もう一度人形のことを言ったらそのときは……。でもマルセルはかまわず続けました。

「おまえ、一度でも真剣に仕事を探したことがあるかい? つまり、午後まるまる使って、どうやったらお金がかせげるかだけを、集中して考えたことがあるか?」

正直言って、わずか1時間でもそのために時間を費やしたことはありませんでした。つまるところ、自分にはどっちみち無理だろうと決めつけてばかりいたのです。

正直に「ないわ」と答えました。

「そうだろ、だからおまえにも何も見つからなかった。探さなければ、よっぽど幸運でもないかぎり何も見つからないぜ。おれがどうやってお金をかせいでいるか、教えてやるよ。おれは自分の会社をもってるんだ」

「ええっ? だってあんたはまだ、わたしと同じ12歳じゃない」

「それでも会社をもってるんだよ。パンを配達する会社なんだ。もう14人のお客さんがいる」

　今度はわたしが笑う番でした。「すごい会社だこと。新聞配達の少年みたいね。新聞の代わりにパンを配達してるってわけね」

「まぬけ頭だな」マルセルはうなるように言いました。「おまえが考えているのとはちがうんだよ。おれは日曜日にだけパンを配達するんだ。日曜日は平日より値段が上がるし、たいていの人はパンを買いに出かけたがらないからな。だから、注文を受けて家まで届けるサービスをしてるんだ。パン屋の主人はいい人で、平日と同じ値段でおれにパンを売ってくれる。それで、パン1個につき20円がおれのもうけになる。そのほかに、1回の注文につき150円の配送料をお客さんからもらう。日曜日ごとにほんの2、3時間働いて、ひと月に1万4000円以上かせいでるってわけさ」

「1万4000円も！」

「でもそれだけじゃない。週3回、午後に近くの老人ホームで働いてるんだ」

「どこで働いてるって？」

「老人ホームだよ。お年寄りの代わりに買い物に行ったり、一緒に散歩をしたり。お年寄りと話をするだけのときもあるし、一緒にゲームをすることもある。それに対して、1時間あたり1000円をホームからもらうんだ。それで、1週間あたり7000円から

9000円の収入だ。たいていひと月で3万円になる」

わたしは感激しました。「合わせてひと月4万円以上じゃないの。すごいわ」。それからわたしは少し考えました。「でも、うちの近くには老人ホームはないし……」

「うまくいかないことを考えてちゃだめだ。うまくいく可能性を探すんだよ」

ああ、まただわ。デリルの話を忘れてはいけなかったのに。デリルは自分が知っていること、自分に備わっているもの、自分にできることだけを考えたのでした。それなのに、わたしは近所にない老人ホームのことばかり考えてしまったのです。

「自分が喜んでやりたいと思うことは何かをはっきりさせるのが一番だよ。それから、そのことでどうやってお金をかせげるかを考えるんだ。最初はおれもそうやってパン配達サービスを思いついたんだ。もともと自転車に乗るのが好きだからな。いまはその好きなことでお金がかせげる。これって最高だぜ。ちなみに、おれは毎日何軒かの家を訪ねて、パンの配達はいかがですかって聞いてまわってる。目標はお客を50人に増やすことなんだ。そうすれば、ひと月に5万円以上かせげるからね」

わたしは感心してしまいました、でも、わたしの可能性は何なのでしょう。

「何をしたらいいのか、ちっとも思いつかないわ」

「おまえは何をするのが好きなんだよ?」

「泳ぐのが好きだわ、それから人形と……」わたしは急いで言い直しました。「かわいい犬と遊ぶのが好きだわ」

「そらみろ、あるじゃないか。それで、そのことでどうやってお金をかせぐ?」

「犬でお金をかせぐの?」

「まぬけ頭!」マルセルが大声で言いました。「おまえ、毎日自分の犬を散歩に連れていかなきゃならないんだろ」

「連れていかなきゃならないんじゃなくて、好きでマネーと散歩に行ってるの。それに、わたしをまぬけ頭って呼ぶのはやめて」

「それだよ! そのとき、よその犬も一緒に散歩に連れていけるだろう。そうすればお金がもらえる」

わたしは興奮して言いました。「すごいわ。あんたって、顔はカエルみたいだけど、頭はいいのね」

お礼を言ってそそくさと電話を切りました。さっそく計画を練《ね》らなければ。

近所の犬ならほとんど知っていますし、犬たちもわたしを知っています。それに、わたしは犬が大好きです。彼らと散歩に行って、それでお金がもらえるなんて!

いろんな考えが頭をよぎりました。ちょっと前まで、自分の親戚はみんな貧乏だと思っていたのです。でも、お金のことを集中して考えるようになってから、その考えは変わりました。そうしてわたしはマルセルのことを「発見」したのです。集中して考えるということは、それだけですばらしいことでした。これからどうなっていくのでしょう。わたしは再びデリルのことを考えずにはいられませんでした。

そうしていつの間にか、眠ってしまったようでした。

次の日、わたしは学校でも計画を練りつづけていました。近所にシェパード犬とロットワイラー犬とさらに何かの雑種で「ナポレオン」という名前の犬がいました。飼い主はオオカミ男みたいな顔をしたおじいさんでした。少し前からその人の奥さんがナポレオンを散歩させていますが、あまり楽しそうではありません。犬も言うことを聞かなくて、注意していないとすぐに走っていなくなってしまうのです。おそらく、奥さんは犬の扱いがあまりうまくないのでしょう。ご主人のほうは、軽い脳卒中を起こしたせいで、それ以来あまり歩けないのでした。

わたしはその「オオカミ男」と奥さんに話をすることにしました。ところがまだ彼らの名前さえ知らないのです。

学校からの帰り、わたしは回り道をしてナポレオンの家へ行きましたが、門のところまできて勇気がなくなってしまいました。

何て言ったらいいんだろう？　駄賃《だちん》はいくらと言うべきだろう？　こんなふうにしてお金をもらっていいの？

わたしは逃げ出したくなりました。でも、庭でまどろんでいたナポレオンがわたしに気づいて、門のところまで走ってきました。

この犬には大きな声で吠えるくせがありました。それで誰が来たのかと、飼い主が窓辺に近づいてきました。

その人はわたしに何か用かと尋ねました。いま言わなければもうチャンスはありません。わたしは勇気をふりしぼって、早口で言いました。

「わたし、交換留学でアメリカに行きたいんです。そのためにお金がいります。そのお金をかせぎたいんです。奥さんのことをお見かけしましたが、ナポレオンと散歩するのがあまり楽しそうではないと思いました。それで、代わりにわたしが毎日ナポレオンを散歩に連れていくことにしたらどうかと思ったんです。どう思われますか？」

おじいさんの顔をまともに見る勇気がありませんでした。頭が燃えるように熱くなっていました。

その人はやさしい声でわたしを招き入れました。

「それはすばらしいアイデアだね。家に入りなさい。ゆっくりその話をしようじゃないか」

奥さんがドアを開けてくれ、わたしたちはキッチンに座りました。最初は「オオカミ男」さんをまともに見る勇気がありませんでした。ですから奥さんが話を始めてくれてほっとしました。

「わたしにはほんとうに手に余るのよ。毎日3回ナポレオンを散歩させるなんて。よその犬が来ると、わたしの力ではナポレオンを引き止めておけないの。あなたならできると思う?」

「ナポレオンは、うちのマネーのそばからは離れないと思います」わたしは答えました。「ですから一緒に散歩すればいいんです。一度試してみたらどうでしょう」

「君が犬の扱いがうまいことは知ってるよ」おじいさんが口をはさみました。「君ほどうまく扱える人はいないと思うよ」

彼は奥さんのほうを向いて言いました。「エラ、これでようやく安心できるじゃないか。このお嬢《じょう》さんは犬を扱う才能があるよ。犬と話せるんじゃないかと思うくらいさ」

わたしは笑いをこらえなければなりませんでした。この人がほんとうのことを知ったら……。おじいさんが奥さんと話しているあいだ、わたしは彼を注意深く観察しました。

近くで見ると、ちっともこわそうではありませんでした。少し謎めいていると言ったほうがいいかもしれません。わくわくするような人生を送ってきたかのようです。それでいて、温厚で、とてもかしこい人のように見えました。

おじいさんがわたしのほうを向いて言いました。

「まず自己紹介しないとね。わたしたちはハーネンカンプというんだ。こちらは妻のエラ、わたしはワルデマール」

「わたしはキーラ。キーラ・クラウスミュラーといいます」わたしも自己紹介をしました。

「どうぞよろしく、お嬢さん」ハーネンカンプさんは重々しくうなずきました。「それでさっそく提案だがね、毎日午後にナポレオンを散歩させてくれないか。ブラシもかけてもらおう。それから、彼が言うことを聞くようにしつけてほしいんだ」ハーネンカンプさんは少し間をおいてから言いました。「お金はいくらほしいかね?」

わたしは顔が赤くなりました。それについてはまだ考えていませんでした。

「わたし、よくわからないんです」わたしは小声で言いました。

「それならわたしから提案しよう」ハーネンカンプさんが言いました。「1日200円でどうだね?」

わたしはちょっと計算しました。ひと月で6000円にもなります。なんと、わたしのおこづかいの3倍です。でも二人は、わたしが黙っているのでがっかりしたのだと思ったようです。それでこう提案してきました。

「それから、ナポレオンに芸を仕込んでくれたら、一つにつき2000円を払おう」

今回は急いで答えました。「とてもすばらしいと思います。すごくうれしいです。お二人とも、ご親切にありがとうございます」

二人は満足げに互いを見交わしました。「よかった。じゃあ、今日の午後から始めてくれるかしら」奥さんが期待をこめて言いました。

「もちろんです」わたしはそう答えると、急いでおいとましました。母が昼食を用意して待っているはずだからです。

わたしは夢見心地で家に向かって走りました。お金をかせぐことがこんなに簡単だなんて、うれしくてたまりませんでした。わたしは上機嫌に歌まで口ずさんでいました。

家に着くやいなや、マネーをやさしく抱きよせ、「わたし、たくさんお金がかせげることになったわ」と彼の耳にささやきました。するとマネーがうやうやしく「お手」をしました。彼がとても喜んでいることがわかりました。

昼食のあと、すぐにマルセルに電話してことの次第を話しました。

「ほらみろ、キーラ、できるじゃないか」

彼が言ったのはそれだけでした。わたしはちょっとがっかりしました。ほめてもらえると思っていたのです。でも、マルセルがはじめてわたしを「まぬけ頭」ではなく、キーラと呼んだことに気づきました。これだけでもいい徴候です。

「でもな、大事なことを二つ言わせてくれ。第一に、一つの仕事だけをあてにしちゃいけない。おまえが思っているより早く終わりになるかもしれないからな。すぐに追加の仕事を探すことだ」

これは少し大げさな気がしましたが、彼のアドバイスに従うことにしました。

「第二に、きっと何か問題が起こる。予想もしなかったような問題がね。そのときに、おまえがまぬけ頭の意気地なしなのか、それともおれのようにお金をかせぐのにふさわしい人間なのかがわかる。順調なときは誰だってお金をかせげる。トラブルに直面したときにこそ、そいつがほんとうに持っている力がわかるんだ」

二つめの助言についてはどうしたらいいのかよくわかりませんでしたが、わたしはていねいにお礼を言いました。

それから、マネーと一緒にナポレオンを迎えに行きました。思っていたとおり、ナポレオンはとてもかわいい犬でした。マネーと遊べることで大喜びしていました。2匹はわたしがもっていったボールを追いかけて、くたくたになるまで走り回りました。

でも、よその犬のそばを通りかかると、ナポレオンを押さえておくことはできませんでした。まずこれから数日のうちに「おすわり」と「伏せ」ができるよう、ナポレオンに覚えさせようと決めました。そうすれば、よその犬と出会ったときはおとなしく伏せるように指示することができます。

ようやく家に帰ると、エルナおばさんが来ていました。おばさんの住まいはここから少しか離れていないのですが、しばらく会っていませんでした。マネーがわたしたちと暮らすようになってから、おばさんがここへ来るのははじめてのことでした。

あいさつをしているあいだも、おばさんの視線はマネーに向けられていました。母が、この犬が迷いこんでこの家に居ついてしまったこと、飼い主が見つからなかったことなどを説明しました。おばさんは額にしわを寄せています。何か気になることがあるようすでした。

「この犬はもうどのくらいここにいるの？」おばさんはマネーから目を離さずに尋ねました。

「9か月くらいかしら」母が答えました。

エルナおばさんは真面目な声で言いました。「わたし、この犬の飼い主を知ってるわ。たぶんまちがいないと思う」

「飼い主はわたしよ！」わたしは急いで叫びました。

「ちがうわ、これはうちの近くに住んでいる男の人の犬よ」おばさんはゆずりません。

不安がわたしの心に広がりました。

「でも、いまはわたしたちの犬よ。もうこんなに長くここにいるんだもの！」

母が厳しい目をして言いました。「おばさんに向かってどなるんじゃありません！　なんて行儀の悪い子なの」

頭がガンガンして、胃がねじれそうです。わたしはパニックで気絶しそうでした。遠くのほうで、父が話しているのが聞こえました。

「それなら明日にでもマネーを連れてその人のところへ行って、この件をきちんとすることにしよう」

わたしは部屋から飛び出しました。マネーがあとを追ってきます。自分の部屋に着くと、すぐに部屋を閉めきって、ベッドに倒れこみました。感覚が麻痺《まひ》してしまったかのようでした。でも一つだけわかっていることがありました。わたしはマネーをけっして渡さないだろうということです。わたしたちはお互いに強く結びついています。これまでにいろんなことを一緒に経験してきたのです。

マネーはわたしの足に頭をもたせかけて、わたしを見つめました。

彼の声を聞く必要はありませんでした。目を見れば十分でした。

ぼくは君のもとを離れたりしないよ。彼の目はそう言っていました。

【4章のポイント】

- 「自分が喜んでやりたいことはなにか」をはっきりさせよう。そのことでほかの人が抱える問題を解決することができるか、どうやってお金をかせげるかを考えよう。
- 一つの仕事だけをあてにしてはだめ。思っているより早くだめになるかもしれないから。すぐに追加の仕事を探そう。
- 順調なときは誰だってお金をかせげる。トラブルに直面したときにこそ、君の真価がわかる。

5章 決めたことは72時間以内にやる

翌日、学校へ行きたくありませんでした。帰ってきたときにはマネーがいなくなっているんじゃないかと不安だったのです。でも、エルナおばさんの近所の人のところへは、わたしも一緒に連れていくと父が約束してくれました。

近ごろでは、モニカはわたしがあまりしゃべらなくなっていることに慣れていました。でも3限めになるころには、わたしはこのことを胸に秘めていられなくなりました。とうとうわたしはモニカに打ち明けました。

「マネーを隠すんだったら、わたしのところへ連れてくればいいわ」

モニカは同情してそう言ってくれました。わたしはおどろくほど気持ちが軽くなりました。何らかの解決法が見つかる気がしてきました。

とはいえ放課後、父とエルナおばさんと一緒に例の近所の人の家へ向かうあいだは、胸

に何かがつかえたような気分でした。

まもなく、みごとな庭の真ん中に立つ大きなお屋敷が見えてきました。門番が門を開けてくれ、わたしたちはお屋敷に向かってゆっくりと車を走らせました。

「誰であれ、こんなところに住んでいるのはものすごい金持ちなんだな」父が感心して声を上げました。

おばさんが説明してくれました。「ゴールドシュテルンさんは株でばく大な財産を築いた人なの。でも、少し前に事故にあったって聞いたわ。もう退院しているのかどうかはわからないけれど」

わたしは両腕をマネーに巻きつけて、ゴールドシュテルンさんがこのお屋敷ごとどこかへ消えてしまえばいいのにと思いました。


お手伝いさんが、門番からわたしたちの来訪を知らされて、家の扉を開けました。みんなが車からおりると、エルナおばさんが来訪の理由を伝えました。

まもなくゴールドシュテルンさんが姿を現しました。ゴールドシュテルンさんは小柄《こがら》な人で、とてもやさしそうな顔をしていました。ほんとうは彼を憎《にく》むつもりだったのですが、どうしたことか、わたしはこの人がいっぺんで好きになっていました。それに、ゴールドシュテルンさんはとてもかしこい人でした。マネーと一番親密なのはわたしだとすぐに見抜きました。

「君はこの犬を何て呼んでいたんだ？」

ゴールドシュテルンさんはやさしい声でわたしに聞きました。わたしは答えられませんでした。マネーにはかつて別の名前があったのだということに気づいて動揺《どうよう》していたのです。

「マネーです」と父が答えました。

「マネー、それはいい名だ。うん、とてもいい」ゴールドシュテルンさんはうれしそうに言いました。「元の名前よりずっといい。ではこれからもマネーと呼ぼうじゃありませんか」

わたしはおどろいて彼を見つめました。とても話のわかる人のようでした。わたしも、名前は絶対マネーのままがいいと思っていました。

ゴールドシュテルンさんはわたしたちを居間に案内しました。そこで話してくれたことによると、ゴールドシュテルンさんはわたしたちの家から数キロ離れたところでマネーと車に乗っていて、事故にあったのだそうです。そのとき彼はかなりひどいけがをして、意識を失ってしまいました。意識が戻ったのは病院に着いてからでした。それ以来、マネーはいなくなってしまったのです。彼は数か月間入院することが決まったので、人に頼んでマネーを探させましたが、とうとう見つからなかったのでした。

「マネーは家に帰ろうとしたにちがいありません。そのときたぶんほかの犬に襲《おそ》われて、それでうちの庭に迷いこんできたんです」わたしはマネーについて知っていることを話しました。マネーがおぼれかけたことも。でも、マネーが話せることについてはもちろん何も言いませんでした。ゴールドシュテルンさんは信頼できる人だという気がしましたが、そんなことはわかりませんし……。

ゴールドシュテルンさんは椅子《いす》から立ち上がると、わたしのほうに歩みよりました。そこではじめて、彼は歩くのがとても不自由なことに気がつきました。きっと事故のせいなのでしょう。ゴールドシュテルンさんはわたしの両手を握ると、やさしいまなざしでわたしを見つめました。

「うちの犬を見つけてくれて、ほんとうにうれしいよ。マネーが君のところでとても幸せなのがわかる。心の重荷がおりたよ」

わたしは赤くなりました。「わたしも、マネーのことがとても、とても好きです」

「それはわたしにもわかる。そのことがとてもうれしいんだよ」ゴールドシュテルンさんは言いました。「というのも、わたしはまだたくさんの治療を受けなくちゃならないんだ。

次の治療としてまた4週間、リハビリ専門の病院へ行かなくちゃならない。だから、君がべ……じゃなくてマネーのことを引き続き世話してくれたら、じつに助かるんだ。もちろん、費用はわたしが払うよ」

うれしくて胸がドキドキしました。マネーがわたしのところにいてもいいのです。でも、急にゴールドシュテルンさんが気の毒になりました。

「でもマネーがいないと、とてもおさびしいのではありませんか？」わたしはたずねました。

「さびしいよ」ゴールドシュテルンさんはため息まじりに言いました。「だからお願いがあるんだ。1週間に1度、マネーを連れて病院を訪ねてくれないかね？　わたしの運転手が君たちを迎えに行って、また家まで送るから」

「喜んで」わたしはすぐに言いました。この人の願いをかなえたいと思ったのです。それに、わたしは彼がいっそう好きになっていました。

ゴールドシュテルンさんが父に向きなおって言いました。

「マネーをあなたがたのところに置いてもらって、キーラちゃんとマネーが1週間に1度わたしを訪ねるということをご承知いただけますかな？　もちろん、費用はすべてこちらが負担します。これまでにかかった費用と、これからかかる費用を」

費用を払ってもらう必要はないと、父がわずかに抵抗を示しましたが、ゴールドシュテルンさんはゆずりませんでした。ゴールドシュテルンさんの威厳のあるようすにわたしは感心しました。

週に1回の訪問がなんだか楽しみになってきました。わたしが知っているほかの大人たちとはまったくちがっています。

不意に、ゴールドシュテルンさんが疲れきったようすを見せました。こちらが思っていた以上に、わたしたちとの面会が体にこたえたようでした。

おばさんが、そろそろおいとましましょうと切り出しました。ゴールドシュテルンさんはありがたそうにそれを受け入れました。マネーは少しのあいだ、ゴールドシュテルンさんの足に頭をそっともたせかけていました。マネーにはゴールドシュテルンさんがとても弱っていることが感じられたようでした。

ゴールドシュテルンさんがベルを鳴らすと、さっとお手伝いさんが現れました。別れのあいさつを交わすと、お手伝いさんがわたしたちをドアまで送ってくれました。

わたしたちはおばさんを家へ送り届けると、まっすぐ自宅に帰りました。父が母にことの顛末《てんまつ》を説明しているあいだに、わたしはマネーとすぐに森の隠れ家へ駆けつけました。

「君とゴールドシュテルンさんがわかりあえてうれしいよ。彼はすばらしい人だよ。ぼくは彼からたくさんのことを学んだんだ」

わたしはびっくりしました。マネーにも学ばなければいけないことがあるなんて。でも、考えたら当然です。マネーだって最初からかしこく生まれてきたわけではありません。

「ねえ、どうしてこれまでゴールドシュテルンさんのことを話してくれなかったの？」

「ぼくたちはお金のことだけ話そうって決めたじゃないか」

「そうね。でも、マネーだって彼に会いたかったはずよ」

「事故のとき、ぼくはご主人が死んでしまったと思ったんだ」マネーが説明してくれました。「あたりは血だらけで、彼はぴくりとも動かなかった。ぼくももうろうとしていて、必死で体を引きずってやぶのなかに入って、そこで気を失ってしまった。かなり長いこと眠っていたらしい。気がついたときには、ご主人も車も、もう見当たらなかったからね。また会えるなんて、思っていなかったんだ」

これでいくらかわかってきました。マネーが続けます。

「さあ、お金の話に戻ろう。ほかの話はなしだ。まだ何か知りたいことがあるなら、今度ぼくのご主人を訪問するときに彼に聞くといい」

そうは言っても、わたしはお金の話をする気にはなれませんでした。こんなにいろいろとわくわくすることが起こるのですから。それに、この機会になぜマネーが話せるのかを聞きたかったのです。

ところが、マネーの声は断固としていました。

「ぼくたちは、君の両親がこれ以上お金に困らないようにするんだろ。でも、その前にこれまでに話したことをおさらいしておこう。夢アルバムはどうなってる？」

わたしは赤くなりました。「始めたところよ。でも、ノートパソコンとカリフォルニアのいい写真がないの。夢貯金箱にも写真がいるわ。その写真を手に入れようと思ったんだけど、すっかり忘れていたの」

マネーは厳しい目でわたしを見て、容赦なく続けました。

「イメージを思い描いてみたかい？　それから成功日記のほうはどうなってる？　昨日は何か書きこんだかい？」

「だって、別の心配ごとがあったから」わたしはぶつぶつ言いました。「あなたがいなくなるんじゃないかと不安だったの。だから、そういうことに集中できなかったのよ」

「わかるよ。でも、それはお金に困っている多くの人が犯しているのとまさに同じまちがいだよ。彼らはいつも、目の前の差し迫ったことにかまけていて、大切なことに心を配る時間がないんだ」

「わからないわ。マネーがわたしのところにいること以上に大切なことなんて何があるの？」

「だから言ったじゃないか、君の言うことはわかるって。でも、君のおばさんが訪ねてくる前はどうだった？　何か言い訳があるかい？」

「あのときは、ナポレオンを散歩に連れて行くことでお金がたくさんかせげるってことがあまりにうれしかったから……」

マネーは真面目な顔でわたしを見つめました。

「それなら、とても大事なことを三つ教えてあげる。第一に、何か問題が起きたときにも、やろうと決めたことを実行すること。万事順調なときに決めたことをやるのは誰だってできる。でも、困難が生じたときにはじめて、それがほんとうにできるかわかる。決めたことを一貫してやり通せる人はわずかしかいない。でも、とくにたくさんのお金をもうけた人たちは、多くの問題を抱えているときほど、むしろ最高の仕事ができているんだ」

わたしは考えました。この話は一度どこかで聞いたことがありました。そうだ、マルセルです。彼の謎めいた二つめの助言でした。「うまくいっているときは誰でもお金をかせげる。でも、困難が生じたときにその人の真価がわかる」

マネーがわたしに向かってうなずきました。

「問題はいつだって起こる。それでも、君は将来のために大事なことを毎日やらなきゃならない。10分もかからないことだよ。でもこの10分が大きなちがいを生むんだ。たいていの人はこの10分を利用しないから、現状のままで終わってしまう。そういう人たちはいつも、状況が自分にいいように変わってくれないかなあとつごうよく思ってる。でも、まず自分が変わらないかぎり状況は変わらないということに気づいていないんだよ」

マネーは少し間を置いてから続けました。

「この10分は君を変えるためにあるんだ。一番いいのは自分自身に約束することだよ。これからはいつも、何があっても毎日、日記を書くことと、イメージを思い描くってことをね」

わたしは誓いました。これからは日記を書き、イメージを思い描くことを日課にします。

「二つめに」マネーは厳しく続けました。「この二つの日課を、万事がうまくいっているときにも続けること」

わたしはびっくりしてマネーを見ました。どういう意味でしょう？

「ナポレオンの仕事を手に入れたとき、君はすっかり舞い上がっていたよね。それで二つの日課を忘れてしまっていた。わかるだろ、注意をそらさせる出来事は山ほどあるんだよ。だからこの日課を確実にこなすために、1日のなかで時間を決めるといい」

わたしは考えこみました。時間を決めるといっても、夜だと、疲れていてできないかもしれません。日中はいつも何かほかの用事があります。すると朝しか残っていません。でも、それだと早く起きないといけないし……。

「たったの10分だよ」マネーがまたもわたしの考えを読んで言いました。

そう簡単なことではないと思いながらも、わたしは承知しました。これからは10分早く起きて、すぐに顔を洗って目を覚まして、それから日記をつけることに決めました。

「それからもう一つ」マネーはさらに容赦なく続けます。「君がまだ写真を手に入れてないのはなぜか、わかるかい？」

マネーは自分で答えました。「それは君が72時間ルールを守ってないからだよ」

「72時間ルール？」

「簡単さ。何かをやろうと決めたら、かならず72時間以内にやること。72時間以内にやらなかったら、きっと二度とやらないよ」

わたしはよく考えてみました。これまでもやろうと決めてやらなかったことがたくさんありました。マネーの言うとおりかもしれません。それに、結局のところいつもマネーの言うとおりなのですから、マネーのアドバイスに従うことにしました。やると決めたことはすべて、72時間以内にやることにします。

【5章のポイント】

- 毎日かならず「成功日記」をつけよう。10分あればできる。この10分のつみかさねが将来、大きなちがいを生む。
- 忙しいときも、問題が起きたときにも、自分で決めたことを実行しよう。困難にみまわれたときにもやり通せるかどうかが大事。
- お金をもうけた人たちは、問題を抱えているときほど最高の仕事ができる人たちだ。
- まず自分が変わらないかぎり状況は変わらない。
- やろうと決めたことは、72時間以内にやること。72時間以内にやらなかったら、きっと二度とやらないから。

6章 借金があるときはどうすればいい？

突然、ナポレオンのことを思い出しました。なんてことでしょう。わたしはナポレオンの散歩のこともすっかり忘れていました。

「急いでハーネンカンプさんの家に行って、ナポレオンを散歩に連れて出なくっちゃ！」

もちろんマネーもわたしと一緒にナポレオンを迎えに行きました。

ハーネンカンプさんはもう窓のところで待っていました。ナポレオンはわたしを見るやいなや、うれしそうに吠え始めました。わたしはハーネンカンプさんにあいさつすると、2匹を連れて森へ行きました。

わたしたちはその日の午後の半分を訓練にあてました。ほんの少しでも進歩すればナポレオンをほめてやり、ごほうびもあげました。2、3時間後にはナポレオンは「おすわり」ができるようになっていました。

わたしは犬を連れて帰ると、ハーネンカンプさん夫妻の前でナポレオンの「おすわり」を誇らしげに披露しました。奥さんは信じられないようでした。興奮して手をたたき、うれしそうに言いました。

「ナポレオンはもうどうしようもない犬なんだって思ってたのよ。でもほんとうに『おすわり』ができるなんて！」

ハーネンカンプさんも満足そうにほほえんでいました。自分の判断が正しかったことがうれしいようです。なんといっても、ナポレオンをしつけるように提案したのは彼なのですから。ハーネンカンプさんは、改まったようすでズボンのポケットから財布を取り出しました。そこから1000円札を2枚取り出すと、わたしに手渡しました。

お札を手にすると、わたしは恥ずかしくなりました。「たったこれだけのことなのに、こんなにたくさん。それに、わたしはとても楽しかったのに」と思いました。

ハーネンカンプさんはちょっとがっかりした表情でわたしを見ました。

「お金をもらって喜ぶと思ったんだが。あまりうれしそうじゃないね」

「なんだか、簡単すぎる気がして」

ハーネンカンプさんは大きな声で笑い出しました。すると顔がゆがんで、ほんとうに恐ろしそうに見えます。笑い止むと、彼はほほえんでわたしを見ました。するとまたすぐに、感じのいい顔になりました。

「たいていの人は、仕事とは不愉快でつらいものであるはずだと思ってる。でも、人は何かほんとうに好きなことをするときにだけ、ほんとうに成功できるものなんだよ」

わたしはまだ納得できていませんでした。ハーネンカンプさんは、わたしのもの問いたげな表情に気づいて、先を続けずに待っていました。

「わたしの母はいつも『まず仕事、それから遊び』って言っています。いまおっしゃったことは、まるでちがうように聞こえるんですが」

「好きなことをやってお金をかせいでいる人を誰か知ってるかい?」

マルセルのことが頭に浮かびました。マルセルは自転車に乗るのが好きで、パン配達サービスを立ち上げたのでした。わたしはハーネンカンプさんにこのいとこのことを話しました。彼は感心したようにうなずきました。

「いい例じゃないか。その子はもっと大物になる気がするね。機会があれば、わたしの人生についていつか話してあげるよ。わたしはいつも、自分が楽しいと思うことをやってきたんだよ。しかもそれでお金をかせいできたんだ」

好奇心いっぱいでわたしはハーネンカンプさんを見つめました。彼の顔が、何となく冒険物語の主人公のように見えました。彼はおどろくほどいろんなことを経験し、わくわくするような人生を送ってきたにちがいありません。

でも、そろそろおいとまする時間でした。うちでは母がすでに夕食の支度をして待っていました。夕食にはわたしの好物が出ました。パスタグラタンと、デザートにはチョコレートプリン。それなのに、わたしはあまりご飯に集中できませんでした。短いあいだにこれだけいろいろ経験したことを考えればむりもありません。少なくとも、たしかなことが一つありました。お金に興味をもっていると、毎日がわくわくしたものになり、とても興味深い人々と知り合いになれるということです。

夕食のあと、さっさと学校の宿題を片づけると、わたしはマネーと森の隠れ家に向かいました。どうやったら両親を助けられるのか知りたくて、もう待ちきれませんでした。

ただ、問題が一つありました。そもそも両親の金銭的な状況をほとんど何も知らなかったのです。知っているのは、二人が困っているということだけでした。それから、借金に対する返済額が多すぎてほとんど払えないという話をよくしていました。そういうわけで、わたしは知っているかぎりのことをマネーに伝えました。

「ぼくの以前のご主人、つまりゴールドシュテルンさんは会社をもっていて、そこではどうしたら資金をよりよく運用できるか、お客の相談にのっているんだ」マネーは意味ありげに話し始めました。

「ゴールドシュテルンさん自身が相談にのる相手はお金持ちだけなんだけど、会社には大勢のスタッフがいて、かなり深刻な問題を抱えているたくさんの人の相談にものっているんだ。ぼくはどこでも自由に出入りできたから、よく話を聞いていたんだよ。結局のところ、借金のある人は四つの大切な原則を実行しさえすればいいいんだ。簡単なことさ」

マネーは深く息を吸ってから続けました。

「これが四つの原則だよ。その1、借金のある人は、クレジットカードをすべて破り捨てること」

「いったいどうして？」

「たいていの人は、クレジットカードがあると、現金で支払う場合よりははるかに多くのお金を使ってしまうからさ」

わたしはこれらのヒントを書きとめておくことにしました。そうしないと、全部覚えていられるかどうか心もとなかったのです。

マネーが続けました。

「二つめは、大人にには少し変に聞こえるかもしれないけど、借金はできるだけ少しずつ返すこと。大人たちはこれを『分割払い《ぶんかつばら》い』と呼んでいる。分割払い金の額が多ければ多いほど、生活のために使えるひと月あたりのお金は少なくなる」

「どうしてうちの両親は分割払い金をそんなに多くしてるの？」わたしは不思議に思って聞きました。そして、マネーが重要なポイントを話しているのだということに気づきました。わたしの両親はいつも、クレジットの分割払いのためにたくさんのお金を工面《くめん》しなければならないとぼやいているのです。

「そうすれば利子《りし》を節約できると思っているからだよ」マネーが答えました。「君に50万円の借金があるとしよう。そうすると、仮に年利6パーセントなら君は利子だけで毎年3万円払わなければならない。それに加えて、毎年50万円のうちの一定額を返さなくちゃならない。これを『返済《へんさい》』と呼んでいる。仮に1パーセントの返済だとすると、毎年50万円の1パーセント、つまり5000円を返済しなければならない。だから分割払い金は、利子の3万円と返済金の5000円で合わせて3万5000円になる。でも借金を返してしまえば、もちろん利子も払わなくていい」

「それなら50万円をすぐに返したいと思うのは当然だわ。だって、返してしまえばもう利子を払わなくていいんだもの」

「一見そう思えるよね。1パーセントで返済していくことにすると、何年かするうちに借りた金額の3倍の利子を支払うことになるからね。でも、50万円を早く返すためには、当然、1年あたりの支払い額を多くしなくちゃならない。そうして多くの人が、自分たちが払える目いっぱいの分割払い金で銀行からお金を借りるんだ。そのせいで生活費はいつもぎりぎりになる。たいていの人が、生活にどれだけお金がかかるかを低く見積もっているからね。そうしたときに、新しい車を買わなきゃならなくなったり、家のなかで何かが壊れたりすると、その支払いをするためにあらたに借金をすることになる」

「つまり、古い借金を返すために新しい借金をするってこと？」

「そのとおり」

「でも、両親はいまどうしたらいいの？　子どものわたしの言うことなんて、聞いてくれるとは思えないし」

「ゴールドシュテルンさんに相談するように勧めることはできるんじゃないかな。彼なら簡単に片をつけてくれるよ」

「お父さんとお母さんがもっとお金をかせげるようにわたしが手伝うこともできるかもしれないわね」

「それはもちろんやらなくちゃ。でも、君の両親がまず学ばなくちゃならないのは、いまあるお金をやりくりすることだよ。そうでないと、お金が増えてももっと大きな問題を抱えることになるだけだ。支出ってのは、収入が多くなるにつれて増えるものだからね。ぼくたちはお金の配分についても学ばなければならないけど、それはまた次にしよう」

マネーの説明にわたしは納得がいきました。そしてメモ帳に次のように書きとめました。

1. クレジットカードは破り捨てる
2. 分割払い金はできるだけ少なくする。両親を助けてくれるかどうか、ゴールドシュテルンさんに相談する

マネーはわたしが書き終わるのを待って、三つめの点に移りました。

「三つめは、ふだんの生活でほしい物を買うときに借金をすることについてだ。この場合の借金は、家を買うときの借金とは関係ない。たとえば新しい車や家具やテレビを買うために、あるいは単に生活費のためにお金を借りることだよ。そのとき、借金のある人は『五分五分ルール』を守らなくちゃならない。つまり、生活のために必要ないお金のうち半分は貯金して、残りの半分を借金返済にあてるべきだということだ」

「でも、うちのおばあちゃんはいつも、借金はできるだけ早く返すべきだって言ってるわ」わたしは思い出しました。「だから、生活に必要ないお金は全部借金の返済にあてなさいって」

「それで借金を全部返したとして、何が手に入る？」

「お父さんとお母さんはいつも、肩の重荷がおりるって言うけど」

「たしかにそう思うよね。でも実際には、借金を返したあとには貯金はゼロ、つまり使えるお金は何も残らないんだよ。そして使えるお金が何もない状態では、目標は達成できない」

「目標？」

「アメリカ留学、ノートパソコン。それが目標だよ。あるいは、使わないお金を全部貯金することを目標にしてもいい」

「でもいったい何のために、使わないお金を貯金しないといけないの？」

「それについては2、3日のうちに話すよ」マネーはなだめるように言いました。「いまはもう一度、借金の話に戻ろう。つまり、君の両親は、使わないお金を全部借金の返済に充ててしまうのではなくて、決まった分割払い金をそのまま払いながら、余ったお金で貯金を始めなければいけない。借金を先に全部返さなくても、全部返し終わるまで待つ必要もないんだ。いますぐ始めればいい。そうすることではじめて、あらたな借金をせずにほしいものを手に入れられるし、良心がとがめることもなく、もっと楽しめるようにもなる」

「わたしの両親も夢貯金箱をつくって少しずつ貯金すればいいのよね」

「いい考えかもしれないね。いずれにせよ、借金をして物を買うのはばかげたことなんだ。

かしこいやりかたは、事前に貯金したお金だけを使うことだよ」

すべてがよく納得できました。それで次のように書きとめました。

3.　自由になるお金の半分は貯金し、残りの半分は将来必要なものを買うときに借金をしなくても買えるようにとっておく。何よりまず、借金をして物を買わない

「それから最後にもう一つ」マネーの目がいたずらっぽく輝きました。「借金のある人は、『ほんとうに必要？』って紙に書いて財布に貼っておくんだ。そうすれば、遅くともレジのところで、お金を使いすぎてはいけないって思い出すだろ」

「わたしみたいにいい犬を飼っていない人にはうってつけね」わたしは笑いました。マネーはうれしそうにしっぽを振っています。それから四つめのポイントを書きとめました。

4.　「ほんとうに必要？」

借金についてずいぶんたくさん学びました。でも、この四つを両親に聞いてもらうという課題に比べれば簡単なほうでした。両親と話してくれるようゴールドシュテルンさんに

頼んだら、というマネーの提案はありがたいものでした。でも、そうするにはまだゴールドシュテルンさんのことをよく知りません。それで、これについては少し時間をおくことにしました。

でも、固く心に決めたことがあります。必ず前もって貯金をして、むやみに借金をしないようにしよう、ということです。両親と同じような状態には絶対に陥らないようにしようと思いました。

【6章のポイント】

●「仕事は不愉快でつらいもの」という思いこみを捨てよう。自分がほんとうに好きなことを仕事にしよう。

●お金に興味をもっていると、毎日がわくわくしたものになる。そしてとても興味深い人々と知り合いになれる。

●もっとお金をかせぐことを考える前に、まず今あるお金をやりくりすることを学ぶこと。

●借金のある人が守るべき四つの原則とは――

1. クレジットカードをすべて破り捨てる

2. 分割払い金はできるだけ少なくする
3. 「五分五分ルール」を守る
4. 「ほんとうに必要？」

●余ったお金は全部借金返済に使わず、貯蓄をする。そして物を買うときは借金をせずに貯まったお金で買えるものを買う。そうすれば、新しく借金をしなくてすむ。

7章 なんのために貯金をするの？

それからの数日はあっという間にすぎてしまいました。学校の授業にもまたちゃんと集中できるようになりましたし、ナポレオンの訓練もしています。最初の週の最終日に、わたしはハーネンカンプさんから1400円を受け取りました。1日200円で7日分です。それに加え、ナポレオンに仕込んだ三つの芸に対して6000円をもらいました。ナポレオンはいまでは「おすわり」と「伏せ」と「お手」ができるのです。

誇らしい気持ちでわたしはお金を数えました。7400円。大変な金額です。それでも、もう気がとがめたり、ばつの悪い思いをしたりすることはありませんでした。ハーネンカンプさん夫妻にとっては、実際、ナポレオンとの暮らしがはるかに楽になったのですから。

夫妻はわたしの仕事にとても満足してくれて、さらに朝も犬を散歩させてくれないかと頼んできました。それに対してさらに1日200円支払うとの申し出でした。両親も承諾してくれました。

かせいだお金をどうするかについてはすばらしい考えがあるとマネーが言っていたので、わたしはとりあえず、古いノートのあいだに大事にお金をはさんでおきました。

でも、人生にはたくさんのお金をかせぐよりもっとわくわくするようなこともあります。今日は、ゴールドシュテルンさんの運転手がわたしとマネーを迎えにくる日なのです。あのおじいさんとお近づきになれることが、わたしは待ち遠しくてたまりませんでした。

約束どおり、午後3時15分ぴったりに玄関のベルが鳴りました。おどろいたことに、運転手さんは年配の女性でした。彼女はわたしを見るとやさしくほほえみかけました。わたしたちは停めてあったロールスロイスに乗りこみました。

「これまで、運転手さんはみんな男の人なんだと思っていました」わたしが言うと、運転手さんは笑って答えました。

「ゴールドシュテルンさんは並外れた方ですから、なさることもふつうとはちがうんです。あの方にとっては世の中の人が何をするかはどうでもいいんですよ。自分が正しいと思ったことをするんです」

わたしは好奇心でいっぱいになりました。それを感じたかのように、運転手さんが続けました。

「ゴールドシュテルンさんは、わたしが友人と話していて、仕事がないって言ったのをたまたま聞いていたんです。それまで会ったこともなかったのに、彼はわたしに車の運転はできるかと尋ねたんです。もちろんわたしはできると答えました。すると『よろしい。よかったらわたしの運転手として働かないかね。ちょうど一人探していたところだから』って。彼が言ったのはそれだけでした。運転のテストさえしませんでした。彼には人を見る目があるんです。そういうとき、彼はとにかく直観に従うんです。それはつまり、心の声というか、勘《かん》とも言えますね」

わたしは感銘を受けていました。「こんな大きな車を運転することになってこわくありませんでしたか?」わたしは尋ねました。

「じつは、ゴールドシュテルンさんが自信のつけかたを教えてくれたんです。彼のところで働く人はみんな、成功日記をつけているんです」

「わたしもです」わたしはつい大きな声で言ってしまいました。今度は運転手さんがおどろく番でした。わたしは誇らしくなってマネーをなでました。

ようやく療養所に到着しました。わたしは病院が好きではありません。でも、ここは病院というより高級リゾートホテルのようでした。これもお金持ちであることの利点なのでしょう。運転手さんはわたしたちをゴールドシュテルンさんの部屋まで連れていってくれました。

ゴールドシュテルンさんはひじ掛け椅子に座っていて、機嫌がよさそうでした。マネーがしっぽを振りながらすぐに彼にとびつきました。

「来てくれてうれしいよ」ゴールドシュテルンさんがわたしに向かって言いました。

「わたしもこの日を楽しみにしていました」わたしは正直に言いました。でも、なぜ楽しみにしていたのかは自分でもよくわかっていませんでした。もちろん、マネーがなぜ話せるのか聞けるかもという期待もありました。

ゴールドシュテルンさんはしばらくのあいだ、体を気づかいながらマネーと遊んでいました。あまり激しく動くと、まだかなり痛みがあるようでした。それでも、こうしているのがいいようでした。

しばらくして、ゴールドシュテルンさんはわたしのほうに向き直りました。彼はマネーに関することなら何でも聞きたがりました。わたしは逐一《ちくいち》報告しました。ナポレオンと一緒に散歩していることや、ナポレオンをしつけるときにマネーが手伝ってくれることも。

ゴールドシュテルンさんは満足げにうなずきました。

「最初に会ったときにすぐわかったよ。君には動物を扱う才能があるってね。それは自信をもっていいことだよ」

「そのことをさっそく明日の朝、成功日記に書こうと思います」わたしは思わず言いました。

ゴールドシュテルンさんはおどろいてわたしを見つめました。

「成功日記をつけているって？　どうしてそんなことを思いついたんだね？」

わたしは赤くなりました。どう説明したらいいのでしょう？　マネーが話せることやいろんなことを教えてくれたことをもらすわけにはいきません。

わたしの落ち着かないようすに気づくと、ゴールドシュテルンさんはすぐにもの問いたげな表情を引っ込めて、きっぱりと言いました。

「話さなくてもいいよ」

「いえ、とんでもない」わたしは急いで答えようとしました。でも、正直になることにしました。「ただ、その考えを教えてくれたのが誰かは言えないんです」

おどろいたことに、ゴールドシュテルンさんはそれ以上尋ねようとはしませんでした。

「わたしにも秘密はあるからね。だから、相手にも秘密があったって何の不思議もないよ」

そう聞いてうれしくなりました。ゴールドシュテルンさんは明らかにわたしを信用してくれているのです。

ゴールドシュテルンさんはじっと考えながらわたしを見ていました。

「君はほかのたいていの子どもたちとどこがちがうんだろうな。君はどう思う？」

わたしはちょっと考えました。マネーがうちに来る前だったら、それほど話せることはなかったでしょう。わたしはほんとうにごく「ふつう」だったのですから。でも、いまはずいぶん変わっています。それで、こう答えました。

「わたしは、ほかの子とはちがうことを考えています。お金をたくさんかせぎたいんです。カリフォルニアに行きたいからと、ノートパソコンを買いたいからです」

10の目標を書いたリストや夢貯金箱、夢アルバムのこと、ナポレオンとの最初の1週間でいくらお金をかせいだかについて話しました。両親のお金の問題やいとこのマルセルのことも。

ゴールドシュテルンさんは注意深く耳を傾けていました。彼はとても聞き上手でした。

わたしが話し終わると、彼はうれしそうに言いました。

「キーラちゃん、君の話を聞いてとてもうれしいよ。君はきっと目標を達成するだろう。ただ、人から何か言われてもけっしてやめてはいけないよ」

「母はわたしのことを笑ったんです」わたしは、母が夢貯金箱を見つけたときのことを話しました。

「君を笑いものにする人はこれからも出てくるだろう。だが、それよりもっと多くの人が君を尊敬するだろう」ゴールドシュテルンさんはなだめるように言いました。「それに、君のお母さんは悪気があって言ったんじゃないと思うよ。おそらく、突拍子《とっぴょうし》がなくて非現実的なように思えたんだろう。でも、突拍子もない目標が小さなふつうの目標より簡単に実現できることもしばしばあるんだ。だって、大きな目標を立てたら、はるかに多くの努力をすることになるんだからね」

マネーは庭に走っていき、しげみのなかではしゃぎまわっていました。

「大事なことをまだ話し合っていなかったね」しばらくしてからゴールドシュテルンさんが続けました。「君は長いあいだマネーの世話をしてくれた。その費用を君に支払いたいんだ」

「えさ代はわたしが払ったんじゃありません。両親です。それに、わたしはマネーが大好きですし」

「こうしよう」ゴールドシュテルンさんはかまわず続けました。「ご両親あてに小切手を書いて君に渡すよ。それから、一度ご両親を連れておいで。彼らの金銭状況について相談にのれるかもしれない」

　ゴールドシュテルンさんからこう言ってくれたので、とてもほっとしました。両親の相談にのってほしいとどうやって切り出せばいいのか、あれこれ考えていたところでしたから。

　ゴールドシュテルンさんは話を続けました。

「もちろん君もいくらか受け取るべきだよ。ちょっと計算してみよう。君はとても長いあいだマネーの世話をしてくれた。ほぼ1年だね。その報酬として1日100円でどうだろう？」

　でもちっともうれしくありませんでした。「わたしはいっぺんでマネーのことが大好きになったから世話をしたんです。お金をもらうためじゃありません」わたしはむっとして答えました。

　ゴールドシュテルンさんは笑いました。ただ、笑いものにされたという気はしませんでした。

「キーラちゃん、たいていの人はそんなふうに考えるし、わたしも昔はそう思ったことがあるよ。でもね、どうして楽しいことをしてお金をもらってはいけないと思うんだい？」

　似たようなことをすでに何度か耳にしたことがありました。そうです、マルセルが話していたことでした。それからハーネンカンプさんも。それにもかかわらず、まだ少し気がとがめるのです。

「言っておきたいのだが、君がうちのマネーのことをこんなにも好きだからこそ、わたしは君に1日1000円を支払いたいんだよ。そうすることで、わたしはマネーが君のところで幸せにすごしてきた、これからも幸せだということをたしかめられるんだ。君の純粋な気持ちこそが君の『仕事』を価値あるものにしているんだよ」

わたしはすっかり納得したわけではありませんでしたが、そうすると丸1年でいくらになるのかを計算してみないではいられませんでした。

わたしには、計算するときにちょっと首をかしげて目を細める変なくせがありました。

ゴールドシュテルンさんが思わず笑い出したので、気づかれたと思いました。

それから彼は真面目な調子で言いました。「そう、大変なお金だね。そこで一つ要望をつけたいんだが、そのうちの半分は貯金したほうがいいよ」

「全部貯金します」わたしは得意げに言いました。「最終的にはカリフォルニアに行きたいんです。それも来年の夏に」

「貯金と言ったのはそういう意味じゃないんだ。だってそのお金は使ってしまうんだろう。そのためにとっておくのだからそれはそれでいいんだ。でも、そのほかに、お金持ちになるために貯金をしたほうがいい。けっして使わないお金を貯金したほうがいいんだよ」

「でも、使ってはいけないのなら、何のために貯金するんですか？」

「生活できるようにするためだよ。それについて、あるお話を聞かせてあげよう」

わたしは楽な姿勢で座りました。お話を聞くのは好きでした。いつの間にかマネーが戻ってきて、わたしたちのそばに伏せていました。マネーは、いまわたしたちが話している話題をとても楽しんでいるようでした。

「昔あるところに若い農夫がいた。彼はいつものように、朝食用の卵をとりにガチョウの小屋へ行った。ところがこの日、巣のなかで見つけたのは金の卵だったんだ。

もちろんはじめは信じられなかった。誰かがいたずらをしたのかもしれない。念のために、卵を金細工師のところへもっていって見てもらったところ、卵はまさしく純金でできていることがわかった。農夫は卵を売って、盛大に祝いの酒盛りをした。

次の日の朝、いつもより早く小屋へ行くと、やっぱり、巣のなかにはまた金の卵があった。そうしたことが数日続いた。だが、この農夫は強欲な男だった。彼はこのガチョウに不満を抱いた。というのも、ガチョウはどうやったら金の卵ができるのか彼に教えてくれなかったからだ。それがわかれば、自分で金の卵を産むことができるかもしれないのに。

彼は怒りながらこうも考えた。この怠けものがせめて1日に2個、金の卵を産んでくれたら。彼にとってはすべてがのんびりしすぎていたんだ。怒りがどんどんつのってきて、ついに彼は小屋へ駆けこむと、ガチョウを真っ二つに切り割いてしまった。それからは、彼には金の卵は一つも手に入らなかった。

この物語の教訓は？　『汝《なんじ》のガチョウを殺すなかれ』ということだよ」

ゴールドシュテルンさんは語り終えると、静かに後ろにもたれかかりました。

わたしは感心していました。「なんてばかな男でしょう。もう金の卵は手に入らないじゃありませんか」

「君ならこんなことはしないかね？」

「もちろん、そんなことしません。わたしはそんなにばかじゃありません」

「それじゃあ、このお話が何を意味しているのか、説明してあげよう。ガチョウというのは君のお金のことだよ。君がお金を投資すれば、利息がもらえる。この利息が金の卵だ」

自分がそれほどきちんと理解していたかどうかは自信がありませんでした。ゴールドシュテルンさんは続けました。

「たいていの人は生まれながらにガチョウをもっているわけじゃない。つまり、利息で生活できるほどのお金をもっていないということだ」

「利息で生活できるためにはものすごくたくさんのお金をもっていないといけないわ」

「いや、必要な額は、君が思っているより少ないよ。もし君が３００万円もっていて、10

パーセントの利息を受け取るとすると、1年で30万円になる」

「うわあ、すごい！　それは毎月2万5000円ということですね。するとわたしの300万円はまったく使う必要がない」

「そのとおり。つまり300万円が君のガチョウで、君はそれを殺そうとは思わないよね」

この考えはとても気に入りました。ただ、気になることもありました。

「いまからガチョウを育て始めても、カリフォルニアに行けるようになるまでにはずいぶん長くかかってしまいます」

「そこが決断のしどころだよ。君は待たずにいますぐお金をつかんで、何かに使うこともできる。30万円できたらすぐにカリフォルニアに行くこともできる。でも、そうすると君の小さなガチョウを殺してしまうことになる。あるいは、お金の一部を貯金すると決めることもできる。そうすればしばらくあとには、君は利息だけで毎年カリフォルニアへ行けるくらいのお金をもっている」

これには納得がいきました。それでも、わたしは来年の夏にカリフォルニアへ行きたいのです。だけど、そんなガチョウももっていたいな。両方できたらいいのに。

わたしはため息をつきました。「ガチョウとわたしの願いごとのどちらかに決めるなんて難しすぎます」

「どちらか一つだけに決める必要はまったくないんだよ。両方一緒にできるんだ」ゴールドシュテルンさんはほほえんで言いました。「君が1000円かせぐとしよう。君はこのお金を分配すればいい。大部分は銀行に入れる。それから一部は夢貯金箱のために、一部は使うためにとっておく」

そうです、そうすれば解決です。わたしはすぐに、どうやったら1000円を一番よく分配できるか考えましたが、それほど簡単なことではありません。

「正確にはどうやって分配すればいいんですか？」

「それは君の目標によるね。君がつねに10パーセントだけガチョウのためにとっておくとしても、君はお金持ちになれる。でも、ほんとうにたくさんのお金がほしいと思ったら、もっととっておいてもいい。わたしは、つねに全体の半分をガチョウのために貯金することにしているんだ」

わたしはゴールドシュテルンさんをお手本にすることに決めました。彼の生きかたをすてきだと思ったのです。それに、まだ時々ひどい痛みに襲われているはずなのに、ゴールドシュテルンさんはいつも機嫌がよさそうに見えます。

「わたし、お金をどうやって分配するか、決めました。全体の半分はガチョウのためにとっておきます。40パーセントをわたしの目標のために夢貯金箱に入れて、残りの10パーセントを使います」

　ゴールドシュテルンさんは満足そうにわたしを見つめました。わたしもこの決断に気分をよくしていました。でも、一つよくわからないことがありました。

「お金持ちになるのに10パーセントだけでも足りるのなら、どうしてこんなに大勢の人がお金の問題を抱えているんでしょう？」

「それは、彼らがお金について考えたことがないからだよ。まだずっと若いうちに始めるのが一番なんだ。そうすればたやすいことなんだ。だから、君がすぐに始めるのは正解だよ。来週になったら銀行へ行って、君の口座《こうざ》を開きなさい。次回、それをどうすればいいか教えてあげよう。そうすればわたしが君に小切手《こぎって》を渡して、君がそれを現金化することもできる。でも、今日は君たちもそろそろ帰る時間だ。もうすぐ夕食だし、わたしも少し疲れた」

　実際、ゴールドシュテルンさんは激しい痛みを感じているようでした。それなのに、上機嫌で、辛抱強くいろいろ説明してくれて、頭が下がる思いでした。

「どうして痛みのことを話さないんですか？」

「痛みのことを考えれば考えるほど、痛みは強くなる。痛みについて話すのは、植物に肥料をやるようなものだよ。だからもう何年も前に、嘆くことはやめたんだ」

わたしはいろいろ教えてもらったことに心からお礼を言いました。それからすぐにおいとましました。マネーもお別れにゴールドシュテルンさんからなでてもらいました。そうして、あの感じのいい運転手さんがわたしたちを家まで送ってくれました。

【7章のポイント】

●お金持ちになる人は「他人が何をするか」は気にしない。自分が正しいと思ったことをする。

●突拍子もない大きな目標のほうが意外とすんなり達成できることもある。なぜなら小さな目標を達成しようとするときよりも、ものすごくたくさんの努力をするから。

●純粋な気持ちこそが「仕事」を価値あるものにする。

●使うために貯金するだけではなく、お金持ちになるために「決して使わないお金」を貯金しよう。

●ガチョウを殺してはいけない。ガチョウとは君のお金のこと。お金を「貯金」すれば、利息がもらえる。この利息こそ、君のガチョウの金の卵だ。

●多くの人がお金の問題を抱えているのは、若いころからお金について考えてこなかったから。若いうちに始めるのが一番だ。

8章 努力していれば助けてくれる人がかならず現れる

家に着くと、まっ先に自分の部屋へ戻りました。成功日記をつけるのを翌朝まで待っていられなかったのです。わたしは次のように書きとめました。

1. ゴールドシュテルンさんが説明してくれたことをすばやく理解できた
2. かせいだお金の半分を貯金するという、かしこい決断をした
3. ガチョウを育てることにした。お金持ちとはどういうものかがわかった
4. 生まれてはじめてロールスロイスに乗った
5. 先週は7400円かせいだ（そのうち、3700円はガチョウ用。2960円は二つの夢貯金箱にそれぞれ1480円ずつ入れる。740円は使う）
6. ゴールドシュテルンさんにほめられた

7. 来週、マネーの世話をしたお金を受け取る。1日1000円×413日で41万3000円。すごい！

書きとめたことがほんとうに全部「成功」なのか、いまだに確信がもてませんでした。それでも、書きとめると、自分を誇らしく思え、自信がついてきました。

部屋を出る前、夕食のときに両親に借金についての話を切り出そうと決め、お金をやりくりするための四つのヒントを書いたメモをジーンズのポケットに突っこみました。

みんながテーブルに着くやいなや、わたしはうやうやしく小切手を取り出しました。ゴールドシュテルンさんが両親あてに書いて渡してくれたものです。父はそれを手に取って金額を読むと、おどろいて叫びました。

「20万円じゃないか！　いったい何のお金なんだ？」

「マネーがうちへ来てからのえさ代よ」わたしは説明しました。

「受け取っていいのかしら」と母が言います。「マネーはいまや、うちの犬も同然じゃない」

「だけど、これがあればとても助かるよ」父がうなるように言いました。「借金の返済が予定通りできていないからな」

「わたしだったら、このうちの10万円だけ借金の返済にあてて、残りの10万円は貯金するわ」わたしは思わず言いました。

両親は食べるのをやめてわたしを見つめました。二人とも、まるでわたしがスープを皿ごと床に落としたかのような顔をしています。

「おいおい」父が皮肉っぽく言いました。「なあお母さん、わが家のお嬢さんは1回ロールスロイスにお乗り遊ばして、今度はお金の天才になったらしい！」

わたしはとても頭にきて言い張りました。「とにかく、借金はできるだけ少しずつ返すほうがかしこいのよ」

「なるほど、それでおれは利子の払いで首が回らなくなるってわけだ」父がすかさず言いました。

わたしは唇《くちびる》をかみました。マネーがどんなふうに説明してくれたか、もう覚えていませんでした。思い出せるのは、古い借金の分割払い金を支払うためにつねにあらたな借金をしなければならないのだということだけです。わたしはひそかに思いました。「わたしがアメリカへ行って、ガチョウが大きく育ったころに二人と話すのが一番かもしれない」

「子どもにお金の何がわかる」父がつぶやきました。

もうがまんできませんでした。「デリルっていうアメリカの男の子は、17歳でもう億万長者なのよ」わたしは高飛車に言いました。「お父さんにはありえないことでしょうけどね。でもわたしはいつか大金持ちになるわ」

「そいつは遺産《いさん》でも相続したんだろう」

「彼は自分でかせいだのよ。同じようにわたしも自分でかせぐわ」

母が心配そうにわたしを見ました。「キーラ、そんなこと言うものじゃないわ。わたしたちは大金とは縁がないのよ。それにお金があっても不幸になるだけよ。大事なのは、少ないお金で満足することなの。よく覚えておくのね」

そこで疑問がわいてきました。ゴールドシュテルンさんはとても幸せそうに見えます。反対にうちの両親はあまり幸せそうではありません。むしろお金がないと不幸になるのではないかと、本能的に思いました。とりあえず、わたしは口をつぐんでいることにしました。黙ったまま、お皿のものを残らず平らげました。

夕食後、家にいる気がしなかったので、モニカに電話して会うことにしました。モニカはまだ夕食を食べていなかったので、1時間後に会う約束をしました。それまで少し散歩をしようと思い、ハーネンカンプさんのところへ寄って、ナポレオンの顔を見ることにしました。

ハーネンカンプさんはわたしを見ると、家のなかへ招き入れました。「もう1匹、犬の世話をする時間はあるかい？」ハーネンカンプさんが尋ねました。

「もちろん、時間はあります」

「今朝、トランプ夫人と話をしたんだがね」ハーネンカンプさんは意味ありげに続けました。「あの大型シェパードのビアンカを飼っているご婦人だよ。彼女は2週間ほど旅行をしたいそうなんだが、ビアンカの預け先がなくてね。キーラちゃんはナポレオンの扱いが上手だと話したら、君に聞いてみてほしいと頼まれたんだよ。いまから彼女のところへ行って、話してみたらどうだい」

わたしはトランプ夫人のことをよく知っていました。いつもたくさんおしゃべりをしたがるのです。わたしが彼女の家の前を通りかかるたびに、彼女はわたしを会話に引きこもうとするのでした。

マネーとわたしは急いでそこへ向かいました。まるで魔女の館のようなおうちです。トランプ夫人はすでに玄関に迎えに出てきてくれていました。ハーネンカンプさんが電話をして、わたしたちが行くことを伝えたのです。

わたしたちは一緒に家のなかに入りました。なんと散らかっているのでしょう！　たちまち居心地のよさを感じました。いたるところに新聞の切り抜きや本が積んであります。壁という壁には不思議な線が描かれたグラフが、何枚もぶら下がっています。2台のテレビが同時についていました。

わたしがあちこち見回しているのに気づいて、トランプ夫人が説明しました。

「これはわたしの趣味なの。金融《きんゆう》の本や経済雑誌を読むのが好きなのよ。夫が亡くなったとき、彼はそれなりの額のお金を残してくれてたの。でも、当時はそれをどうしたらいいのかさっぱりわからなかった。それで投資の勉強を始めたの。それはものすごくわくわくするものよ。おどろくほどお金が増えるのよ」

もっとトランプ夫人の話を聞きたいと思ったのはこれがはじめてでした。でも、トランプ夫人はこんな話はたいくつだろうと思ったようでした。

それから、わたしたちは犬のビアンカのことを話し合いました。トランプさんはもう数年前からのんびりと旅行を楽しみたいと思っていたそうです。でも、愛犬を世話してくれる人が見つかりませんでした。ビアンカはとても愛嬌のある犬ですが、シェパードとしては並外れて大きいのです。毛がふさふさとしていて、それだけでも少し恐ろしげに見えるのです。そういうわけで、わたしが世話を引き受けると聞いてトランプさんはとても感謝していました。

彼女は、えさは事前にすべて買っておくことと、1日に1000円払うことを提案しました。わたしは喜んで引き受けました。もちろん、まずは両親に聞いてみなくてはなりませんが、２週間ほどこのシェパードをうちで預かることになりそうでした。

　モニカと会う時間になったので、わたしはおいとましました。モニカに話すことがたくさんありました。わたしがかせいだお金のこと、ゴールドシュテルンさんのこと、それからどうやってお金を分配したかということ。

　モニカは目を丸くしてわたしを見ました。「すごいわね。尊敬しちゃう」それからモニカは少し考えて言いました。「もし、忙しすぎるようなことがあったら、手伝ってあげてもいいわよ」

　わたしは笑い出さずにはいられませんでした。モニカの家はお金持ちで、モニカはいつも上等な服を着ています。それなのに、わたしのために働こうだなんて、なんだかおかしくなりました。

　暗くなってきたので、家へ帰りました。それに、できるだけ早く両親にビアンカのことを話したかったのです。父は最初は少し文句を言いました。わたしが学業をおろそかにしているのではないかと心配したのです。でも、母が助け船を出してくれました。

　そのとき電話が鳴りました。母が受話器を取り、びっくりした顔で言いました。

「マルセルからよ、キーラ、あなたにですって」

　マルセルがわたしに電話してきたことなど一度もなかったからです。でも考えてみれば、わたしたちはお互いに話すことがたくさんありました。

わたしはマルセルに、わたしの収入のこと、新しい仕事のことを報告しました。ゴールドシュテルンさんに教わったとおりにお金を分配したことも。

「それじゃあ、一つ言っておくけど」マルセルはもったいぶって言いました。「おまえがまぬけ頭だった時代は終わったな。お金の分配はほんとうにいい考えだよ。おれは思いつかなかった。おれのお金は全部、銀行の口座に入れてあるんだ」

「わたしも口座を開かなくちゃ。ゴールドシュテルンさんが小切手をくれるって言うから。でも、どうすればいいのかわからないのよ」

「銀行口座を開きたいなら、明日そっちへ寄って、口座開設を手伝ってやるよ」

わたしは耳を疑いました。マルセルはいつもとても無愛想だったのです。それなのに今回は自分からわたしを助けてくれようとしているなんて。うちから7キロしか離れていないところに住んでいるのに、これまでわたしを訪ねてきたことはもちろん一度もありません。

「うちへ来てくれるの？　ちょっと前までわたしを避けてたじゃない」

「おれは尊敬する人としかつきあわないことにしてるんだ」彼はぶっきらぼうに言いました。「今回はじめて、おまえのことを尊敬したよ」

わたしはとても誇らしい気持ちになりました。

「ところで、おれはすでに何人か従業員を抱えてるんだ。近所の男子数人にパンを配達してもらってる。お客がとうとう50人を超えたからね、おれ一人じゃ手が足りないんだよ」

モニカがわたしを手伝うと申し出たことを思い出さずにはいられませんでした。わたしもいまや、3匹の面倒を見なければならない立場なのです。きっとモニカの助けが必要になるときがあるでしょう。

明日会うことを楽しみにして、マルセルとの電話を終えました。それからマネーにブラシをかけてやると、マネーはことのほか気持ちよさそうにしていました。そのあとベッドに入り、すぐに眠ってしまいました。

真夜中、わたしは恐ろしい夢を見て汗びっしょりで目を覚ましました。悪人たちがわたしを追いかけてきて、マネーを殺そうとしたのです。モニカとマルセルも夢のなかに出てきてわたしたちを助けようとしましたが、むだでした。わたしはしばらくふるえが止まりませんでした。マネーは何かを感じたらしく、ベッドの上に飛び乗ると、わたしの手をなめました。わたしは両腕でマネーを引き寄せました。この夢は、何か悪いことが起こる前触れにちがいありません。

「明日は用心しなくちゃ」

再び眠りにつく前に、わたしは固く心に決めました。

【8章のポイント】

●「お金があるほど不幸になる」というのはまちがい。

●君が一生懸命、目標や夢に向かって取り組んだり努力をしたり考えたりしていると、君を尊敬する人や助けてくれる人がきっと現れる。

9章 自分のためにお金に働いてもらおう

その日は最初からまったく変な感じでした。いやな天気で、わたしは夕べの夢のせいで朝からぐったりとしていました。父が寝坊《ねぼう》をして、まだ洗面所を占領していました。わたしはこの時間を利用しようと思い、成功日記があるはずの場所を探りました。ところがそこに日記がありません。わたしはとっさにマネーを見ました。マネーは知らん顔をしています。

「ははあ」と思いました。「このいたずら小僧！　あんたがもってることはわかってるわよ。返しなさい！」

でもマネーは遊びたい気分らしく、言うことを聞こうとしません。マネーは玄関へ走っていき、隠していた日記を口にくわえると、わたしをおびき寄せようとします。わたしは大きく日記を取り返そうとしますが、マネーのほうが足が速くてつかまりません。わたしは大き

くジャンプしてマネーに飛びかかりましたが、マネーはさっと身をひるがえしました。大きな音を立てて、わたしはつくりかけの船の模型の上に落ちました。それは、父がマッチ棒でつくっている真っ最中のものでした。

大きな物音に、両親が何事かと駆け寄ってきました。父は状況を把握すると、狂ったように怒鳴りました。

「4か月もかかったのに、めちゃくちゃにしたのか！」

船はすっかりばらばらになっていました。なんてすばらしい1日の始まりでしょう。しかも、わたしはスクールバスに乗り遅れ、学校に遅刻してしまいました。

学校が終わると、わたしはお昼を食べ、それからナポレオンを迎えに行きました。ハーネンカンプさん夫妻には、今日は犬を連れて戻るのが遅くなると伝えました。夫妻は了承してくれました。午後3時にはマルセルが来ることになっていました。それと同時に、モニカに来てもらうことにしていました。そうすれば、わたしとマルセルが話しているあいだ、モニカに犬の面倒を見てもらえるからです。

わたしとマルセルはトランプ夫人のところへビアンカを迎えに行きました。トランプ夫人はわたしたちを居間へ案内し、愛犬の世話のしかたを詳しく説明してくれました。そのあいだ、マルセルは部屋中を見回していました。彼は壁にかかっている表を見ると、感心したように口笛を吹きました。

「株《かぶ》に投資していらっしゃるんですね」マルセルが知識ありげに言いました。

トランプ夫人はびっくりして彼を見つめました。「株価《かぶか》チャートの見かたがわかるの？」

「いいえ。でもうちの父が株に熱中しているので、時々見たり聞いたりするんです。父はいつも、株ほどたくさんのお金がもうかるものはないって言ってます。でも、ぼくにはとても複雑だし、とても面倒な作業に思えます」

「そうね。そんなに簡単なものじゃないし、1日に1、2時間はそのために費やさないとね。だから好きじゃないとできないわ」夫人はほほえんで言いました。「でも、その作業をほかの人にやってもらうこともできるのよ。そうすれば簡単だし、それでも利益は得られるの」

マルセルはすぐに興味を示しました。「それはすてきですね。どうすればいいんですか？」

「喜んで説明するわ。でも、それには少し時間がかかるのよ。もう少しで飛行機の時間だし、バカンスから戻ってきたら説明してあげるってことでどうかしら」

「わたしも、とても楽しみにしています」わたしは急いで言いました。

トランプ夫人はまだ何か気になることがあるようでした。彼女はわたしに尋ねました。

「キーラちゃん、わたしの留守中に2、3回、植物に水をやってもらえないかしら？」

わたしは喜んで引き受けました。わたしたちはさよならを言うと、ビアンカを連れて家へ帰りました。


それから、わたしはマルセルと銀行に行きました。わたしはどきどきしていました。もうすぐ自分の最初の口座を開くことになるのです。祖父母が時々いくらか預金《よきん》してくれる通帳《つうちょう》はもっていましたが、自分で自由にできる口座となるとまったく別でした。

銀行に足を踏み入れると、自分が大人になったような気がしました。銀行のなかはとても忙しそうで、大勢の人が列をつくって待っていました。わたしはすぐに、一番短い列に並ぼうとしました。するとマルセルがわたしを引き止めました。

「待て。正しい担当者のところへ行くことが大事なんだ」

「でも、どの人がそうか、どうやったらわかるの？」

「おまえが一番うまくやっていけると思う相手を選ぶんだ。ちょっと見回してみろよ。誰か好感のもてる人が見つからないかい」

わたしは行列のそばを通り抜けて、ぞれぞれの窓口担当者を見つめました。ほとんどの人は仏頂面《ぶっちょうづら》で、いやそうに仕事をしていました。ある男性はものすごく慌《あわ》ただしく仕事を片づけていて、彼が相手ではこわくなってしまいそうでした。

最後に、わたしの母くらいの年齢で、とても感じのいい女性を見つけました。わたしはその人にしようと思いました。

「でも、そうするとかなり待たなくちゃいけないわ」

「待つってのは世の中で一番くだらない仕事だよ」マルセルが言いました。「この時間をどう利用できるか、考えなくちゃ」

そこでこの時間を利用して、わたしがお金をどのように分配したかをきちんとマルセルに説明することにしました。金の卵を産むガチョウの話も。

「これは、おれが思っていたよりもずっとすごいなあ」マルセルはうれしそうに声を上げました。「そりゃそうだよな。いつもぜんぶのお金を使っていたら、けっしてガチョウはもてない。そしてガチョウをもっていなければ、いつもお金のために働かなくちゃいけない。でもガチョウをもっていれば、お金が自分のために働いてくれるんだ」

「うまいことを言うわね。ゴールドシュテルンさんがまさにそうよ。お金があの人のために働いているんだわ。事故にあって働けなくなってから、もうどのくらいたつのかしら。それなのに、あの人はすべての勘定《かんじょう》を何の問題もなく払えてる。反対に、うちのお父さんはいつも言ってるわ。たった2か月でもかせぎがなかったらもうおしまいだ、家を売らなくちゃならないって」

「そりゃそうさ。ゴールドシュテルンさんには大きくて丸々したガチョウがいるから、うまくやっていけるんだ。でもおまえの親父《おやじ》さんには小さなスズメだっていないじゃないか」

わたしたちはおしゃべりに夢中になっていて、順番が来たことにも気づきませんでした。感じのいい女の人が「ご用は何でしょう」と聞きました。

「わたしのガチョウのための口座を開きたいんです」わたしは言いました。

「何のための口座ですって？」相談係の女性はぽかんとして聞き返しました。

マルセルが大声で笑い始めました。わたしは彼をぶん殴《なぐ》ってやりたいと思いましたが、つい一緒になって笑ってしまいました。落ち着いてから、あらためて自己紹介をしました。

相談係の女性はハイネンさんといいました。それから、なぜ「わたしのガチョウ」のために口座を開きたいのかを説明しました。ガチョウと金の卵の物語をもう一度話すことになりましたが、何度も話すうちにうまく話せるようになっていました。

ハイネンさんはすっかり引きこまれていました。

「子どもがお金とつきあう上でこんなにすばらしい考えがあったなんて、聞いたことがなかったわ」彼女は感激したようすで声を上げ、それからちょっと考えて言いました。「おそらく大人のためにもいいお話ね。いずれにせよ、わたしにできることなら喜んでお手伝いしますよ」

ハイネンさんは無料の口座管理サービスを勧めてくれました。口座に関する処理は銀行がやってくれて、それに対する料金はかからないということでした。言うことなしです。口座を開くのはびっくりするほど簡単でした。身分証明書を提示するだけでよかったのです。ハイネンさんが書類に記入してくれ、それには、両親のいずれかとわたしの署名が必要でした。それで全部でした。マルセルに来てもらう必要はありませんでした。それでも彼がいてくれてよかった。おかげでこんなに楽しかったのですから。

それから、わたしはかばんからうやうやしく3700円を取り出すと、新しい口座に預け入れました。わたしは考えていたおまじないをこっそりと唱《とな》えました。「ガチョウよガチョウ、大きくなあれ」

口座を開くのはほんとうに楽しいことでした。わたしたちはさよならを言うと、家路につきました。「感じのいい相談員さんを選んでよかった。また彼女と会うのが楽しみだわ」と思いました。

それから、わたしたちは急いで家に帰りました。モニカは3匹の犬を相手にどうしているこどでしょう。モニカには犬を扱った経験があまりないのです。

でも心配は無用でした。モニカは上機嫌でわたしたちを出迎えました。万事順調でした。みんなで森へ行って遊びました。あんまり楽しくて、時間を忘れてしまうほどでした。

わたしたちが帰途についたときにはすでに薄暗くなっていました。

わたしは、一緒にトランプ夫人の家に寄ってもらえるよう、ほかの二人に頼みました。ビアンカのえさをそこから取ってこなくてはならなかったのです。えさはトランプ夫人が家の裏手に準備しておいてくれることになっていました。3人いればえさを運ぶのもずっと楽になるでしょう。


わたしたちは家のそばまでやってきました。魔女の館のようなトランプ夫人の家は、わたしたちの家から数百メートル離れて、森のそばに立っています。もう何年も庭の木々の剪定《せんてい》をしていないので、敷地は荒れほうだいです。

トランプ夫人が裏手のテラスにえさを置いてくれたのでわたしたちは家の後ろ側に回りましたが、そのためにはいくつものしげみを注意深くかき分けて進まなければなりませんでした。

そのうちに暗くなってしまいました。マネーにナポレオン、ビアンカが一緒にいるといっても、ちょっと不気味でした。わたしたちはしゃべるのをやめました。モニカでさえ、何も言わなくなっていました。これはよほどのことです。

不意に、何がこんなに不気味なのか気づきました。あまりに静まり返っているのです。わたしたちは思わず息を止めました。

やっとのことで、わたしたちは家の裏手に着きました。えさはテラスの上に置いてありました。でも、何かがおかしいのです。

わたしたちはびくびくしながら辺りを見回しました。すると不意に、犬たちがうなり始めました。ビアンカがテラスのドアに向かって走っていき、わたしたちはそれを目で追いました。すると、ドアがきちんと閉まっていないのが見えたのです。

ビアンカは鼻先でドアを押し開けると、なかに向かって吠えてから、飛びこんでいきました。ビアンカの吠え声はやがて小さくなっていき、しまいには遠くからかすかに聞こえるだけになりました。それから、しんとしてしまいました。

わたしたちはしばらく待ちましたが、ビアンカは帰ってきません。おそるおそる呼んでみましたが、返事もありません。そっと周りを見回すと、モニカの顔が真っ青《まさお》になっています。

最初に心を決めたのはマルセルでした。マルセルは足音を忍ばせて家のなかに足を踏み入れると、なかの明かりをつけました。

永遠とも思えるような時間がすぎたあと、彼はドアのところに姿を見せると、手招きしながら「大丈夫そうだ」とささやきました。わたしは2匹の犬を連れて、用心深く彼のあとを追いました。

「わたしは絶対入らないわよ」モニカの声が聞こえました。

「じゃあ、そこで待ってろ」マルセルがぴしゃりと言いました。

でも一人でテラスに残るなんて、よけいにぞっとします。結局、モニカはわたしたちを追って家に入りました。

そこは居間でした。部屋の乱雑さもこのときは心地いいと思われず、かえって不吉な感じがしました。

「泥棒《どろぼう》が入ったんだ」マルセルが言いました。

「ちがうわ、ここはふだんから散らかってるのよ」わたしもマルセルと同じように小声で答えました。

「でも見ろよ、ドアがこじ開けられてる」

マルセルの言うとおりでした。ドアの枠が明らかに壊されていました。そうして、なぜこの乱雑さが心地よく感じられなかったのかがわかりました。壁にかかっていた絵がすべて取り外され、家具の位置もずれているのです。スパイ映画でスパイがマイクロフィルムを探して家中を捜索したときのようでした。わたしは夕べの悪夢を思い出しました。用心しようって決めたのに。それなのにいまこうして、泥棒に入られたひとけのない家にいるなんて。泥棒はまだ家のなかにいるのかしら?

突然、古い板張りの床を歩くかすかな音がしました。わたしは体がこわばりました。かすかに床をきしませながら、足音が近づいてきます。マルセルはさっとあたりを見回すと、そばにあった古い望遠鏡を武器がわりに構えました。

そのとき、ギイッという音を立てて、いきなり居間の扉がわずかに開きました。わたしたちはいっせいに振り返り、モニカが悲鳴を上げました。この瞬間、ビアンカが扉のあいだから大きな頭を突き出しました。ビアンカのことをすっかり忘れていたのでした。わたしたちは胸をなでおろしました。マネーとナポレオンもうれしそうにビアンカを迎えました。

いち早く状況を把握《はあく》したのは、またもやマルセルでした。

「ここにいた泥棒は、おれたちが来たときに逃げたようだな。そうでなきゃ、犬たちがこんなに落ち着いていないもの」

わたしはマネーを見ました。マネーはちっとも不安そうではありません。マネーに腕を巻きつけると、わたしもすぐに落ち着きました。

【9章のポイント】

●ただ「待つ」というのは、世の中で一番くだらない仕事。その時間を何に利用できるか考えよう。

●いつも全部のお金を使ってしまっていたら、ガチョウはもてないし育たない。

●お金のために働くのではなく、お金を自分のために働かせよう。お金持ちほどこのことをよくわかっている。

10章 お金を「汚い」と思っているうちはお金は貯まらない

だんだんと勇気がわいてきました。わたしたちは家のなかを調べることにしました。モニカはまず警察に通報しようと言いました。でも、それはあとからでもできます。何よりも冒険心がまさっていました。

用心深く、わたしたちは探索を始めました。部屋という部屋を見てまわりましたが、どこも同じように荒らされていました。でも、そのほかには何も目につくものはありませんでした。

「ビアンカが家のなかに消えたとき、吠える声がずいぶん遠くなったよな?」マルセルが尋ねました。「どこかに地下室があるにちがいないぜ」

するとモニカが身震いして言いました。「もしかして地下牢《ろう》じゃ……」

わたしたちはもう一度家中をまわって、地下室への入口を探しました。そしてやっとのことで扉を見つけました。それは階段の下にあって、一見すると戸棚《とだな》のようでした。扉は少し開いていました。

用心しながら扉を開けると、わたしたちはなかをのぞき込みました。急な階段が下へ続いていています。電灯のスイッチを探しましたが、どこにも見当たりません。

「居間にろうそくがあったわ」わたしが思い出すと、マルセルがうなずきました。

わたしたちは急いでろうそくを取ってきました。モニカがそれに火をつけましたが、同時にわたしたちを止めようとしました。

「ほんとに下へおりようとしてるんじゃないわよね？　わたしはいやよ！」

「わかった」とマルセル。「そんならおまえは、ここでナポレオンと一緒に待ってろ。キーラとおれはマネーとビアンカを連れて地下室を確認してくる」

わたしもどちらかと言えばモニカと一緒に上の階に残っていたかったのですが、下で何かを見つけるかもしれないというわくわく感もありました。それに、いとこの前で弱みを見せたくありませんでした。だって、彼はようやくわたしに一目おき始めたところなのですから。

そういうわけで、マルセルとわたしは犬たちを連れて用心深く階段をおりていきました。とても古い地下室のようでした。ろうそくの光に、むき出しの石が幽霊《ゆうれい》みたいに浮かび上がってきました。

　ようやく下までおりました。わたしたちは大きな地下室に立っていました。そこにはありとあらゆるがらくたと、さまざまな保存食品や保存用瓶《びん》を並べたたくさんの棚がありました。わたしたちは注意深く周りを見回しました。でも、変わったものは何も見つかりません。

「ここには何もないわ」わたしはささやきました。

　ところが、マルセルが棚の後ろの壁にある小さな扉を指さしました。わたしは感心しました。わたしにはけっして見つけられなかったでしょう。

　わたしたちは、並べられた瓶を落とさないよう気をつけながら、棚を慎重に脇へずらしました。

　そうして扉が現れました。開けようとしましたが、しっかり鍵《かぎ》がかかっています。マルセルががっかりした顔で言いました。「これじゃあ、しかたないな。この扉の向こうにどんな秘密が隠されているのか知りたかったのに。残念だよ」

「きっとこの向こうにはお宝が隠されているのよ」わたしはでたらめを言いました。

「もちろんさ、アメリカの連邦金塊貯蔵所みたいにたくさんの金塊があるんだよ」マルセルはくすくす笑いました。

するとこのとき、ビアンカが鼻先でわたしを突っつきました。何か黒っぽいものを口にくわえています。よく見てみると、それは鍵でした。ビアンカはしっぽを振ると、鍵を床に落としました。

「かしこい犬ね」わたしはほめてやりました。「ビアンカはきっとご主人のためにこの鍵を何度も取ってきてたのね」

でも鍵がどこに隠されていたのかは、まったくわかりませんでした。

マルセルが鍵を拾い上げ、ゆっくりと扉を開けました。わたしたちはろうそくでなかを照らしました。

その部屋は最初の部屋ほど大きくなく、古いチェストが一つあるきりでした。マルセルがチェストに近づきました。それはどっしりとした木材でできていて、周りに鉄が打ちつけてあり、南京錠がかかっています。マルセルは南京錠をじっと見つめました。

「これなら簡単に開けられる。朝飯前さ」

わたしたちにこのチェストのなかを見る権利があるとは思えませんでした。でも、マルセルはすでに針金を取り出して、錠を開けにかかっています。わたしも好奇心には勝てませんでした。カチッという音がして錠が開きました。

「パン配達サービスだなんてとんでもない。あんたは立派な泥棒だわ」わたしはくすくす笑いました。

「この道に進んでもきっとうまくいくな」マルセルは自慢げに言いました。

マルセルはふたを開けてなかをのぞきこむと、ヒュッと口笛を吹きました。

「こいつはすごいや！　泥棒が探していたのはこれだよ」

わたしもチェストのなかをのぞきました。

そこには山と積み上げられた有価《ゆうか》証券《しょうけん》と、1万円札の分厚い束、きれいに積み重ねられた金の延《の》べ棒《ぼう》が入っていました。なかでも金の延べ棒に目を奪われました。全部ほんものの金でできているなんて信じられません。マルセルの言うとおりでした。泥棒たちが狙っていたのはこれだったにちがいありません。

「どうすればいいの？」わたしは心配になって聞きました。「このままにしておいて泥棒たちが戻ってきたら？」

マルセルは少し考えていました。「そのとおりだな。いまこそほんとうに警察に通報しないと。警察ならこのお宝を保管してくれるだろう。でもその前に、何がチェストのなかに入っていたか正確に書き出しておこう。何が起こるかわからないからな」

わたしたちは作業を開始しました。慎重《しんちょう》に数を数え、すべてを書きとめました。一覧表ができあがると、わたしたちは誇らしい気持ちでざっと目を通しました。札束で

1000万円、金の延べ棒25本、金貨78枚、有価証券163枚、手紙と口座残高《ざんだか》通知書の入ったファイル1冊、16個の宝石が入った袋一つ、金の首飾り一つ、金の指輪7個。

マルセルは満足げに一覧表をポケットに突っこみました。これだけたくさんのお金や貴重品を所有することができたら、どんなにすてきでしょう。

「トランプ夫人はすごいお金持ちだったのね」夫人からちらっと聞いたことはありましたが、実際にこれだけの財産を自分の目で見るのとはまったく別のことでした。

「どうしてこんなにたくさんのお金を地下室に保管しているのかしら」

「金持ちはみんなそういうことをするのさ」マルセルが教えてくれました。「トランプ夫人は絶対に、もっとたくさんのお金をどこかに預けていると思うよ。ここにあるのはたぶん、いざというときのお金だよ」

「いざというときのためにしてはかなり多いわね」

「でも、遊ぶにはこのくらいいるんじゃないか。ドナルドダックを考えてみろよ。ドナルドの親戚のおじさんはお金のなかで泳ぐのが好きじゃないか」

わたしは母がいつも「お金をさわったら手を洗いなさい」と言いつけることも、思い出さずにはいられませんでした。

「お金持ちの人たちはお金を汚いものだとは思っていないんだと思うわ」

「トランプ夫人は時々このチェストを眺めていい気分にひたるんだと思うよ。おれだったらきっとそうだな」

　あのおばあさんが地下室におりて、チェストのふたを開け、金の延べ棒やお金で遊ぶ姿を想像して、思わず笑ってしまいました。

　突然、マネーが吠えました。ビアンカもすぐに吠え始めました。2匹の犬はわたしたちに背を向け、扉のほうを向いてにおいをかいでいます。吠える声がだんだん大きくなってきました。マルセルは扉のところへ行って、大きいほうの地下室に向かって叫びました。

「モニカ！　そこにいるのか？　こっちへ来いよ。泥棒たちが探していたものがわかったんだ」

　マネーとビアンカは吠えるのをやめ、うなり声を上げ始めました。マルセルは不意にうろたえたようすを見せました。

「モニカだったら犬はうなったりしないはずだ」

　この瞬間、わたしたちは恐怖で体がすくみました。地下に男の声が響いたのです。マネーが毛を逆立てました。

「マネー、静かに！」

わたしは声をひそめて言いました。しかし、犬はうなり続けています。男の声はどんどん近づいてきて、大きくなりました。わたしたちに逃げ道はありません。やがて、大きな懐中電灯の明かりが小さい地下室のなかをちらちらと照らし出すのが見えました。そのとき、明かりがまともに目に入って、わたしは悲鳴を上げました。

「おーい！　そこにいるのは誰だい？」低い声が呼びかけました。

「あんたたちには関係ない」マルセルが反抗的に叫びました。

明かりはとてもまぶしくて、何も見分けられません。

それから、ほかの声が聞こえました。最初の声よりさらに低くて、ざらざらしていました。

「何か見つけたのか？　それならおれたちの仕事がだいぶ楽になるな」

懐中電灯の明かりがチェストのほうに移動しました。そして、男がおどろきの声を上げました。「見ろよ。あの女の子の言ったとおりだ。ここにあるのはほんもののお宝だ」

「汚い手でさわらないで！　それはこの家のおばあさんのものよ！」わたしは怒りにわれを忘れました。

「お嬢さん、思いちがいをしているよ。おれたちは泥棒じゃない」

最初の声が笑うのが聞こえました。明かりがチェストから二つめの声のほうに移動しました。

そこにいたのは、警察官でした。

まっ先に落ち着きを取り戻したのはマルセルでした。自分がどれだけ緊張《きんちょう》していたか、いまになってわかりました。わたしはほっとして床にしゃがみ込んでしまいました。

「君らのお友達がお父さんに電話して、お父さんから警察に通報があったんだ」最初の警察官が説明してくれました。これですべてわかりました。

「モニカはどこですか？」マルセルが尋ねました。

「彼女はお父さんやほかの警官と一緒に上にいるよ」警察官は大きい地下室に入っていって、地上階に続く階段の上に立っていた同僚に向かって叫びました。

「問題ない！　子どもたちはここにいる。みんな無事だ」

わたしたちは上へ上がりました。10人以上の警察官が廊下や居間に分かれて立っていました。モニカのお父さんもいました。モニカは不安そうに体を父親に押しつけていました。

モニカの話によれば、彼女はしばらく待っていたのだそうです。それから、おそるおそる階段の下に向かって呼びかけたのですが、何の返事もないので、わたしたちに何か起こったにちがいないと思って、父親に電話したということでした。

モニカのお父さんはこわい顔でわたしたちを見て言いました。「軽率にもほどがある。すぐに警察を呼ばなきゃだめじゃないか!」

わたしたちは言葉もありませんでした。わたしはモニカのほうを見ました。ひどく心配したにちがいありません。宝物を数えているあいだ、わたしたちは時間のことなどすっかり忘れていたのです。心からすまなく思いました。

チェストは警察官によって慎重に運び出されました。そのほかにも警察にはまだひとしきりやることがありました。わたしたちもたくさんの質問に答えなければなりませんでした。でも、警察官はみんなとてもやさしくて、わたしたちをほめてくれました。泥棒が退散したのはわたしたちのお手柄だと言ってくれました。

マルセルとわたしは鼻を高くしてお互いを見交わしました。

そのあと、わたしたちはパトカーで家まで送ってもらいました。家の前に着いたとき、母は心配して窓のところに立っていました。わたしたちがパトカーからおりるのを見て、最悪の事態を想像したにちがいありません。

でも、警察官がすぐに事情を説明してくれました。それから、彼らはマルセルとナポレオンを家へ送っていきました。母はすぐに、マルセルの母親である自分の姉と、ハーネンカンプさんに電話をしました。パトカーがいきなり家の前に停まっても、自分と同じようにびっくりすることのないようにしたのでした。
わたしは両親にすべてを詳しく説明しました。すっかり興奮していて、どのみち眠ることなどできそうにありませんでしたから。そして、すぐに警察に通報しなくちゃだめじゃないかと、また同じことを言われました。

【10章のポイント】

● お金持ちはお金を大切にして仲良くしている。「汚いもの」とは思っていない。

11章 「幸運」とは、準備と努力の結果のこと

翌日、学校じゅうがこの話題で持ちきりでした。モニカがすぐに、みんなに夕べの冒険のことを話したのです。何人かの男子から「そんな冒険ができたなんて運がいいなあ。おれも一度そういう経験がしてみたいよ」と言われました。

運がよかったのかどうか、わたしにはよくわかりません。ただいずれにせよ、夢貯金箱を始めていなければ、こんなことは起こらなかったでしょう。仕事を探すことすらしていなかったでしょうし、ハーネンカンプさんと知り合うこともなく、また、ハーネンカンプさんの紹介を受けてトランプ夫人からビアンカの世話を頼まれることもなかったでしょう。歴史の先生が言っていることが正しいのだという気がしました。先生はいつも言っています。「幸運というものは、よく観察してみると、準備と努力の結果にすぎない」と。

いずれにせよ、数日のあいだモニカとわたしは学校の英雄でした。それどころか地元紙

のカメラマンがわたしたちの写真を撮りに学校へやってきて、翌日、わたしたちは新聞に載《の》りました。わたしたちがどれだけ勇敢だったかが詳しく書かれていました。ただ、マルセルが一緒に写っていないことが残念でした。両親も新聞を読んで、とても誇らしげでした。

ある朝、成功日記を書いているときにこの体験についてよく考えてみました。すばらしい冒険だったことはまちがいありません。自分でも誇らしく思っています。しかも、興味深いことに気がつきました。わたしは、自分の人生そのものがまたとない冒険になったのだと確信したのです。

お金と向き合うようになってから、たくさんのことが変わりました。人生がわくわくしたものになったのです。これまでとはちがう方法で人々と知り合いました。大人と興味深い会話もしましたし、多くのことを学びました。しかもそれは、学校で習うこととはちがっています。実際に役立てることができると思うと、じつにおもしろいのです。一方で以前より熱心に取り組むようになった科目もあります。いまは英語が楽しくてたまりません。もうすぐ役立つはずだからです。

以前にはまったくどうでもよかったことも、よく考えるようになりました。何より大事なのは、とにかく楽しいということです。けっしてお金が第一ではないことにも気づきました。大事なのは、毎日わくわくしていることです。できることはすべてやってみることです。そして、自分に何ができるのかを考えるのです。成功日記を通して、わたしは多くのことに気づきました。かなり前から、うまくいったことだけを書くのではなく、何が成功につながったのかも時々書きとめるようになっていました。そうしてわかったことは、たとえば、自分には勇気があるということでした。不安があっても、妨げにはなりませんでした。

いつかハーネンカンプさんが話してくれたことがありました。

「どんなに勇敢でも不安のない人などいない。不安を抱えていても、それでも前に進むときにはじめて、人は勇気をもつことができるんだ」

一生懸命努力しようという気持ちはあります。でもそれにはまず、楽しくなくてはなりません。毎日3匹の犬にえさをやり、ブラシをかけ、一緒に散歩に行き、訓練もしています。楽ではありませんが、好きでやっていることです。何よりも、自分がベストを尽くしているという確信をはじめてもつことができました。これがきっと大きなちがいになっているのです。

以前はいつもこう言っていました。「わたしはまだ本気を出していないだけ。本気で努力したら、学校の成績なんかすぐによくなるわ」

でも、それは自分が努力していないことの言い訳にすぎなかったのです。いまはベストを尽くしているので、こんな言い訳は必要ありません。自分に何ができるのかがわかってきたのです。

実際にはさらに進んで、本来まだできなかったこともやっています。たとえばお金をかせぐことがそうです。やってみることではじめて、自分にもできることがわかるのです。

それからの数日は飛ぶようにすぎていきました。3匹の犬を世話するのはとても楽しいことでしたし、マルセルやハーネンカンプさん、ゴールドシュテルンさんといろいろなことを話すのも最高にすてきでした。わたしにはたくさんの疑問がありましたが、そのつどおどろくような新しいことを教えてもらいました。

ゴールドシュテルンさんからは41万3000円の小切手をもらいました。マネーの世話をしてお金をもらうのはまだちょっと抵抗がありました。お金のためならむしろやらなかったでしょう。でも、ゴールドシュテルンさんが説明してくれました。

「君が自分の犬を失ったとして、君のような人が犬の面倒を見てくれていたら、君だってうれしいだろう？　無償でもやっただろうということが、まさに君の仕事を価値あるものにしているんだよ」

彼の言うとおりでした。マネーには、わたしのところにいる以上に幸せなことはないでしょう。

いずれにせよ、わたしは小切手を銀行にもっていきました。そしてそのお金を決めたとおりに分配しました。半分の20万6500円は「ガチョウ」を育てるために口座に残し、残りの20万6500円を引き出しました。そこから、二つの夢貯金箱にそれぞれ8万2600円を入れ、4万1300円は使うためにとっておきました。「カリフォルニアの夢貯金箱」に8万2600円、そして「ノートパソコンの夢貯金箱」に別の8万2600円を入れるなんて、信じられない気持ちでした。

ハーネンカンプさんからお金をいただいたときも同じように分配しました。少なくとも1日400円、さらにナポレオンに芸を仕込んだときは一つにつき2000円でした。時々モニカの手を借りるというぜいたくもしましたが、その場合モニカには、受け取ったお金の半分を渡しました。

最初は気がとがめました。だってそのときわたしは何もしなくていいのですから。モニカがすべての仕事をやるのに、わたしもモニカと同じだけお金をもらうなんて。でも、それについてマルセルが大事なことを教えてくれました。

「働くこと自体は、いつでも支払い全体のせいぜい半分にすぎないんだよ。残りの半分は、仕事のアイデアとそのアイデアを『実行』に移した勇気に対して支払われるものなんだ」

ただ、心に引っかかっていることがありました。マネーと話すことがだんだん少なくなってきたことです。わたしにはやることがたくさんありますし、マルセルやハーネンカンプさん夫妻ともしょっちゅう話をします。ゴールドシュテルンさんとの面会時間もますます長くなってきました。そのせいで、マネーと一緒に森の隠れ家へ行くことがほとんどなくなってしまいました。

もちろん、わたしたちは一緒に散歩しますし、一緒になって長時間遊びますが、話をすることはほとんどありません。マネーに聞こうと思っていたいろいろな疑問も、ゴールドシュテルンさんやほかの人が答えてくれました。

マネーはそんなことはちっとも気にしていないようでした。むしろ、それを楽しんでいるようすです。ごくふつうの犬として扱われることを喜んでいるように見えました。

わたしは両親と食卓についていました。二人とも黙りこくって、不機嫌な顔で自分のお皿をにらみつけています。二人が夫婦ゲンカをしたときはいつもこんなふうです。わたしはもう一度、両親と借金の話をしようと思っていたところでした。マネーから教わった四つのヒントを書いたリストも前もって読み直していました。でも、いまはそのタイミングではなさそうです。

「キーラ、おまえの口座残高を見たんだが、ずいぶんお金が入ってるじゃないか」父は探るような目でわたしを見ながら言いました。

「それは、マネーの面倒をよく見たからって、ゴールドシュテルンさんがくれたのよ」

「ほらね。ちゃんと説明がつくでしょ」母がほっとしたように言いました。

「だがおまえは20万6５００円を引き出してるじゃないか」父が続けました。「何に使ったのか、言ってみなさい」

わたしは不愉快になりました。気がとがめるようなことがあるからではなく、疑われたと感じたからです。不当な疑いです。

冷静さを失わないように努めました。そして、どうやってお金をかせいだかを説明しました。すべての収入を分配したことも。50パーセントがガチョウのため、40パーセントが短期的または中期的な夢の実現のため、残りの10パーセントが使うためです。もちろんガチョウと金の卵の物語も話しました。この話をしないとガチョウと言っても何のことかわからないでしょうから。

父はおどろいてわたしを見つめました。同時に、説明が聞けたことでほっとしたようでもありました。母は得意げな笑みを浮かべて言いました。「ほらね。この子の頭がいいのはわたしに似たのね」

父がため息をつきました。「おれの収入もそんなふうに分配できたらなあ」

「だったら、どうしてそうしないの？」わたしは尋ねました。

「お金は全部、必要な出費に消えてしまうからさ。この家のローンの返済や食費や光熱費が、どこから出てると思ってるんだ」

「でも、少なくとも、そういうことに使わないお金をわたしと同じように分配することはできるんじゃないかしら。それがたとえ10パーセントだけでも、その10パーセントを同じように分配すればいいのよ」

「何も残らないんだよ。一銭も貯金できないんだ。ローンの支払いだけで50パーセント以上が消えてなくなるんだ」

「それならローンの分割払い金をできるだけ少なくすればいいじゃない」

「ローンの何がわかるっていうんだ！」

母が急いで助け船を出してくれました。「まあまあ、何にしても、この子はお金をかせぐこつを心得てるわ」

「運がよかっただけだろう」父が毒づきました。

わたしはすぐに言いました。「歴史の先生がいつも言ってるわ。幸運というものは、よく観察してみると、つねに準備と努力の結果にすぎないって」

父は考え深げな顔でわたしを見つめました。何かが父の心を動かしたようでした。言っておかなければなりませんが、父はもともといい人なのです。ただ残念なことに、自分は犠牲者《ぎせいしゃ》で、ほかの人たちはとにかく幸運なのだと考えるくせがついてしまっているのです。

でもいま、父の心が少し開きました。

「おれの取引先の社長が幸運について話してくれたことがあったなあ。何だっけな……ああ、そうだ、こう言ったんだ。『ばかなやつには1度しか幸運は来ない。でもかしこい人間には何度でも幸運が来る』って。あのときは、幸運とかしこさに何の関係があるのか理解できなかった。でもいまはわかる。幸運が準備と努力の結果なら、準備と努力をすればするほど、幸運に恵まれるってことだ」

母には父の言うことが十分のみ込めていないようでした。

「それで、そんなにたくさんのお金をかせぐためにどんな準備をしているの？」母はわたしに聞きました。

わたしは毎朝つけている成功日記のことを説明しました。

「それが何の役に立つんだ？」父が疑わしげに言いました。

「どれだけかせげるかは、自分の自信にかかっているのよ。それから、自分にできることを集中して考えるのか、あるいは自分にできないことばかり考えるのかにもよるの」

父はかすかにうなずきました。父がこっそり成功日記をつけ始めたとしてもおどろきませんが、きっと父はそう簡単には認めないでしょう。

わたしは、父がいまわたしの考えを受け入れていると感じました。

「お父さん、一度ゴールドシュテルンさんにお金の問題について相談したらどうかしら」

「そんな相談にのってくれるとは思えないな」

「じつはもうゴールドシュテルンさんに話してあるの。喜んでくれると思うわ」それから、父の気持ちを軽くするために、こうつけ加えました。「そうすれば、マネーの面倒を見てくれた恩返しにもなるからって」

「お金の話なんてするものじゃないわ」母が決まり文句をもち出してきました。きっと子どものころにそう教えられたのでしょう。

わたしは勇気を出して言いました。

「二人とも、食事中にどれだけお金のことを話し合っているか、考えてみてよ？　いつも目先の問題をどうやって切り抜けるかって話ばかりしてるよね。でも、長い目で見た解決法について話し合ってみるほうがいいんじゃないかしら」

父と母は意味ありげに互いを見交わしました。ちょっと前だったら、わたしがこんななまいきなことを言えば大目玉《おおめだま》をくらっていたでしょう。でもいま、両親はわたしの言葉に耳を傾《かたむ》けてくれつつあります。言うことを信用してもらうには、お金をかせぐこととお金とうまくつきあうことが大事なのだと感じました。

ゴールドシュテルンさんに相談することに先に同意したのは母のほうでした。母はまだ彼に会っていないので、会ってみたいという気持ちも強かったのでしょう。こうして、わたしはゴールドシュテルンさんに電話して、両親と会ってもらう日程を取り決めました。

わたしは心のなかでガッツポーズをとりました。ゴールドシュテルンさんが両親を助けてくれることはまちがいないからです。つまりそれは、どうやったら自分自身を助けられるかを両親に示してくれるということです。

【11章のポイント】

● 「幸運」とは、じつは準備と努力の結果にすぎない。
● けっしてお金が第一ではない。大切なのは、毎日わくわくしていること、できることはやってみること、そして自分に何ができるか考えること。
● 不安のない人なんていない。不安を抱えていても前に進もう。そのときはじめて勇気をもつことができる。

●一生懸命努力するには、まず楽しくなくてはいけない。

●仕事で得られる報酬の半分は「実際の仕事」に、のこりは「仕事のアイデア」と「アイデアを実行に移した勇気」に対して支払われるもの。

12章 お金は人間を映しだす「鏡」

トランプ夫人がバカンスから帰ってくる日がやってきました。

わたしは、夫人が帰宅したときに居合わせられるようつごうをつけました。泥棒が入ったことについて、彼女に心の準備をしておいてほしかったのです。すでに警察官も二人来ていました。

トランプ夫人はおどろくほど落ち着いて事件を受け入れていました。泥棒のことを聞いた彼女の第一声は、「ばかな連中ね。どうせなら証券取引所に行けばよかったのに。あそこならここよりもっとたくさんのお金があるのにね」たいしたおばあさんです。

警察官たちはマルセルとモニカとわたしの勇敢さについて大げさに話しました。事件についての新聞記事も彼女に見せていました。それから、警察が確保した地下室のチェストのなかの財産のリストを彼女に渡しました。すべては警察の金庫に厳重に保管されています。

トランプ夫人は感激して、心からわたしにお礼を言いました。警察官が帰っていったあと、ようやく彼女と二人きりで話すことができました。

わたしはすぐに尋ねました。「どうしてあんなにたくさんのお金や金の延べ棒を家に置いておいたんですか？　危ないんじゃありませんか」

「いろいろ理由があるのよ。第一に、時々お金で遊びたいからよ。わたし、金や現金が好きなの」

わたしはとがめるような目でこのおばあさんを見つめました。お金をそんなふうに好きなのは正しいことなのでしょうか。それに、こんなにおおっぴらに言うなんて……。でもそういえば、わたしもマルセルと一緒にチェストの中身に感激したり、それを数えたり、金の延べ棒を1本ずつ手に取って重みを味わったりしたときは、とても楽しかったのです。

トランプ夫人は続けました。「第二に、いざというときのための備えよ。いま何かあったとしても、2、3年は生きていけるくらいの財産はチェストに入ってるわ」

「何かあったときのためにしてはずいぶん多いですね」

「それは全部でどのくらいお金をもっているかによるわね。財産の5パーセントから10パーセント以上を家に保管しておいても意味がないわね」

このおばあさんは大変なお金持ちにちがいありません。

「第三に、わたしはお金の大半を株や投資信託《とうししんたく》に投資しているの。これにはある程度のリスクがともなうから、少なくとも一部は自由に使えるようにしておくほうがいいのよ。このことは機会があったら説明してあげるわ」

トランプ夫人は荒らされた部屋の片づけを急いでいるようには見えず、むしろ話していたいようでした。

「ええ。でも、今回は盗まれてしまうところだったじゃありませんか」わたしは話を戻しました。

「盗まれていたら気の毒なことになったでしょうね。だって、泥棒たちの喜びは長続きしないに決まってるもの」

「泥棒たちが宝物を全部盗んだかもしれないのに？　どうして喜びが長続きしないんですか？」

「説明するのは難しいわね。つまり、お金というものは、そのために準備をした人のもとにだけ留まるものなの。不当にお金を手に入れた人は、そのことでむしろ、お金がないよりみじめな気持ちになるのよ」

「わたしにはわかりません」わたしは混乱して言いました。「それならどうして泥棒たちはあんな苦労をして忍びこんだんでしょう？」

「もっとお金があれば自分たちの状況が変わると考えたからじゃないかしら。お金が幸せにしてくれると思っているのよ」

「うちの両親もそう思ってます。お金の心配がなくなればすばらしい人生が送れるはずだって」

「それならご両親も多くの人と同じまちがいを犯していることになるわ。幸せで充実した人生を送りたければ、自分自身が変わらなければならないのよ。お金が代わりにそれを引き受けることはできないの。お金は人を幸せにも不幸にもしない。お金は中立で、よくも悪くもないの。お金は誰かのものになったときにはじめて、その人にとっていいか悪いかの意味をもつのよ。お金はいい目的のために使われるか、よくない目的のために使われるかのどちらかなの。幸せな人は、お金を手に入れればもっと幸せになるし、心配ばかりしている人は、お金が増えれば心配も増えることになるのよ」

「でも、母はいつも、お金は人の性格をだめにするって言うんですけど」

「お金は人の性格を示すものなのよ」トランプ夫人が説明しました。「お金は拡大鏡みたいなものなの。自分がどんな人間なのかを大きく拡大して見せてくれるわ。あなたがいい人間ならお金を使ってたくさんのいいことをするし、泥棒だったらそのお金をくだらないことに浪費《ろうひ》してしまう」

わたしはしばらく考えこんでしまいました。お金はわたしの役に立っています。そのおかげで両親やいとこのマルセル、銀行の相談係のハイネンさん、お金持ちのゴールドシュテルンさん、ハーネンカンプさんがわたしに敬意を払ってくれます。興味深い人々と語り合うことができ、人生がわくわくしたものになりました。より多くのことを考えるようになりました。わたしは前より幸せになり、自分に自信がもてるようになりました。

トランプ夫人がわたしの考えを読んだかのように言いました。

「お金はわたしたちの人生を助ける大きな力になってくれるわ。お金があれば生活レベルもある程度上げられる。わたしたちの生活の大部分はお金に支えられているんですから。お金があれば、夢や目標も簡単に実現できるわ。これはもちろん、いい目標にも悪い目標にも言えることだけれど」

いまになってはじめて、なぜマネーが最初に目標を決めるように強く言ったのか、よくわかりました。目標がしっかりしていれば、お金のせいでわたしの性格がだめになってしまうことはないでしょう。わたしはいい目標にお金を使おうと決めました。そして足元で寝ているマネーに、心のなかで「ありがとう」と言いました。

トランプ夫人は話題を戻しました。

「わたしは現金の一部だけをチェストにしまっているの。残りは銀行の金庫に預けてあるわ。泥棒に取られたところで困ったりしないのよ」

突然、彼女は何かひらめいたようでした。「あなたたちにお礼がしたいわ。それも、あなたたちの人生にとってためになるようなお礼がしたいの。それで提案だけど、あなたのお友達とあなたとわたしで一緒に『投資クラブ』を結成しましょうよ」

「何クラブですって？」

「つまり、共同で投資をするのよ。たとえば、それぞれがひと月5000円ずつ持ち寄って、それを投資するの」

話がおもしろくなってきました。

「わたしたちのガチョウからどうやって金の卵を取り出すか、教えてくださるんですね」

わたしは興奮して言いました。

今度はトランプ夫人がきょとんとする番でした。それでわたしは彼女に、ガチョウと金の卵の物語を話して聞かせました。

「まるでわたしのやってきたことそのものね。でも、そのことを学ぶのにずいぶん苦労したのよ。あなたがこんなに早くからお金との正しいつきあいかたをわかっているなんて、ほんとうにえらいわ」

　この言葉を聞いて、わたしはもちろん誇らしい気持ちになりました。幸せな気持ちでマネーを見ると、マネーは半分寝ながらしっぽを軽く振りました。このほめ言葉を明日の朝、成功日記に書こうと思いました。近ごろでは、その日の出来ごとのうちどれが自分の「成功」なのかがわかっていることが増えてきました。以前なら失敗する理由をまっ先に考えていましたが、いまでは自分にできることを集中して考えるようになりました。そうすることで、言い訳よりもはるかに多く、実行のための手段を探すようになったのです。

　投資クラブのことを詳しく聞きたかったのですが、トランプ夫人はわたしたち3人が一緒のときに説明したほうがいいと言いました。わたしはモニカとマルセルに連絡して日程を決めると約束しました。そうしてトランプ夫人と投資クラブを結成するのです。

　別れぎわにトランプ夫人が1万4000円を渡してくれました。1日1000円でビアンカの面倒を見た報酬です。このお金の半分をわたしのガチョウ口座に入れるために、わたしはマネーと一緒に銀行へ急ぎました。

　銀行に入るやいなや、ハイネンさんがわたしのところへ駆け寄ってきました。ハイネンさんはわたしたちのことを新聞で読んで、ずっとお祝いが言いたかったのだと言いました。彼女はちょうど休憩《きゅうけい》に入るところで、レモネードに誘ってくれました。

「ところでキーラちゃんの口座残高はとっても順調に増えているわね」ハイネンさんがほめてくれました。「あなたのかしこい貯金法には感心するわ。大人ほどたくさんかせいでいるわけではないけれど、たいていの大人よりずっと多くを使わずに残しているわ」

わたしはちょっと赤くなりました。

ハイネンさんはしばらく考えてから言いました。「でも、ガチョウのために使わないお金はいったい何に使っているの？」

「そのお金を五つに分配するんです。そのうちの一つは使いますが、残りの四つの部分は、それぞれ二つずつをわたしの二つの夢貯金箱に入れるんです。そうしなければ、カリフォルニアへも行けないし、ノートパソコンも手に入りませんから」

「わたしが思っていたよりもっとかしこいやりかただわ。ちょっと待っててくれるかしら、電話をかけてこなければならないの」

数分後、ハイネンさんは顔を輝《かがや》かせて戻ってきました。彼女は意味ありげに言いました。「ねえキーラちゃん、子どもたちはみんな、あなたのやりかたを知るべきだと思うの。そうすれば彼らの人生はもっとうまくいくし、すばらしいものになるわ。それで考えたの。じつはね、わたしは子どもの学校の保護者会役員なの。今度そこで生徒と保護者むけの大きな集会があるんだけど、あなたのやりかたを知ってもらう絶好の機会じゃないかと思うの。それでさっき、校長先生に電話をかけて、そのことを提案したのよ。了承してくれたわ」

　わけがわからず、わたしはハイネンさんを見つめました。

「つまり、あなたがみんなの前で講演するのよ」

　わたしは全身がかっと熱くなりました。大勢の人の前に出て講演するところを想像すると、耳が赤くなり、胃が締《し》めつけられるようでした。

「そんなこと絶対にできません！　不安で死んでしまいます！　それに、何を話せばいいのか見当もつきません」

　ハイネンさんは窓の外を見ながら考えていましたが、やがてこう言いました。

「ねえ、わたしはこういう仕事をしているから、多くの人がお金とつきあうようすを見てきたの。わたしに悩みをぶちまける人もたくさんいるわ。お金とのつきあいかたを学んでいないと、いろいろな悩みや苦しみが出てくるのよ。人生お金が第一じゃないかもしれないけど、うまくいかなくなってしまったときに、お金はものすごく大事なの。お金がなければ、生活の大部分が立ちゆかなくなってしまう。実際に病気になったり、周りの人と争ったり、自分をみじめで役立たずだと感じたりするようになるわ。でもそうした人々に、お金をうまく使って人生を好転させることがどれだけ簡単か、教える人がいないのよ。本来は学校でお金とのつきあいかたを教えるべきなんだけど」ハイネンさんはため息をつきました。「でもそんな科目はないし。だからこそ、あなたのやり方をみんなに伝えることが大切なのよ」

納得がいきました。お金とのつきあいかたを学んでから、人生がずっと興味深いものになったことは、わたしも実感したことです。でも、講演なんてとてもできません。

「でも、ひと言も言葉が出てこないと思います」

「こうしたらどうかしら。あなたとわたしが一緒に前に出て、わたしが質問をするから、あなたはそれに答えるの。あなたは自分が体験したことだけを話せばいいのよ。もし、つっかえるようなことがあれば、わたしが助けるわ」

「それなら、ハイネンさんが一人で全部説明したほうがいいんじゃありませんか？　銀行で働いていてお金のこともよくわかっているし」

「キーラちゃんが話すほうがはるかに大きな印象を与えられるのよ。わたしが話せば、銀行員のこざかしいおしゃべりのように聞こえるでしょうよ。でもあなたなら、子どもたちは自分と同じだと思って話を聞くわ。あなたは、ほかの子たちもできるはずのことをやっているのだから」

「でも、きっとつかえてばかりだと思います」

「もう一度よく考えてくれたらうれしいのだけど。やりたくないことを無理にさせることはできないわ。あなたを説得することができるのはあなただけよ」

わたしはさよならを言い、物思いに沈《しず》みながら銀行をあとにしました。とくにハイネンさんの最後の言葉について考えていました。「あなただけがあなたを説得することができる」って、なぜわたしが無理に自分を説得しなくちゃいけないの？

ハーネンカンプさんのところに着いたときも、わたしはまだ考えに沈んでいました。ナポレオンを迎えに来たのですが、前足に炎症《えんしょう》を起こしたということで散歩はお休みでした。ハーネンカンプさんが、ケーキを食べていかないかと誘ってくれました。奥さんがケーキを焼いたところで、とてもいい香りがしていました。わたしは3切れも平らげましたが、あまり話をしませんでした。

「今日はしゃべらないね」ハーネンカンプさんが気づいて言いました。「何かあったのかい？」

わたしはハイネンさんからの提案と自分の不安について話しました。

「わたしなら絶対やるね」ハーネンカンプさんはきっぱりと言いました。

「でも、いつも楽しいと思うことだけをやってきたっておっしゃったじゃありませんか」

「そのとおりだよ。わたしはかつて、写真を撮ることに熱中していてね。それで、見習い修業を中断して、13年間、世界を渡り歩いたんだ。それはすばらしい時代だったよ。だけど、お金はあまりもうからなかった。それで、自分は商売人に向いてないかどうか試してみようと思って、写真屋を始めたんだ。店は繁盛《はんじょう》して、数年後には売却してカリブ海の小さなホテルを買った。そのあと、再びヨーロッパに戻って不動産業を始めた。これもずいぶんもうかったよ。ただ、投資だけは苦手でね。でもその代わりに、妻には投資のセンスがあってやる気もあったんだ」

なんていろいろなことを経験してきたんだろうと、わたしはびっくりしました。とてもわくわくする人生だったにちがいありません。

「でも、それじゃあやっぱり、楽しいと思うことだけをやってきたということじゃありませんか」

「そうだよ！　でもそのたびに、それに見合った不安もあったんだ。見習い修業を中断して世界を旅することが簡単に決断できたと思うかい？　不安で胃が痛くなるほどだったよ。商売の世界に入るときもそうさ。あんな堅苦《かたくる》しい連中とうまくやっていけるのかってね」

彼はわたしを見つめました。「わたしの人生でもっともすばらしいものは、不安を乗り越えてやったから得られたんだ」

わたしは信じられない思いで彼を見つめました。楽しいことだけをするのはもっとすてきで、もっと簡単なことだと想像していたからです。

「妻を見てごらん」ハーネンカンプさんは続けました。「彼女は若いころからとても美しかったんだ。でもわたしはけっして見栄えがよくなかった。わたしは電車のなかではじめて彼女と会ったんだ。ひと目で彼女に恋をしたよ。そして『いま話しかけなかったら、おそらく二度と会えないだろう』ということもわかっていた。コンパートメントは満席で、彼女はわたしの向かいに座っていた。こんな状況でみんなの前で彼女に話しかけることほど不安でぞっとする瞬間はなかったよ。わたしは次の駅でおりなければならなかったから、もう時間がなかった。不安で死んでしまいそうだったよ。はねつけられたらどうしよう！　しかも乗客全員の前で！　ってね。でも、思い切って話しかけたんだ。そして見てごらん、これがそのごほうびだよ。わたしの人生でもっとも大切なものさ」

彼はやさしく奥さんの手をなでました。

奥さんがつけ加えました。「わたしたちはお互いにもっとも大切なものを贈り合ったのよ。恥ずかしい思いをすることへの不安を乗り越えた人に、世界は開けるの」

そのとおりなのかもしれません。でも、胸につかえているいやな思いは消えませんでした。大勢の聴衆のことを考えただけでぞっとします。

「キーラちゃん、不安なんかどこにもないと想像してごらん。神経質になる必要もまったくない。そうすれば、話をするのも楽しくなるだろう？」

　わたしはこれまでに何度もガチョウの話をしてきたことを思い出しました。そのときはいつも楽しいと感じていました。

「一人か二人が聞いているだけだったら、とても楽しいです」

「それなら、できることだけをやればいいんだ。二人と話せるのなら200人いたって話せるさ。そうでないと、不安に押しとどめられて楽しいことができなくなってしまうよ。不安を乗り越えたときだけ人は成長するんだ」

　わたしは、トランプ夫人の地下室におりていくときどれだけ不安だったかを思い出しました。そしてそのあとどれだけ誇らしかったかも。それでもいまの不安は消えません。

「人生って、とても難しいときがあるんですね」わたしは愚痴《ぐち》を言いました。

「そしてすばらしいものなのよ！」ハーネンカンプ夫人が夢見るような表情でご主人の手をなでました。

　二人はとても幸せなんだなあと、しみじみ感じました。彼らはとてもいいお手本を示してくれます。

【12章のポイント】

●お金はきちんと準備をした人のもとにだけ留まるもの。

●お金そのものは人を幸せにも不幸にもしない。幸せな人は、お金を手に入れればもっと幸せになる。心配ばかりしている人は、お金が増えれば心配も増える。だからまず、自分自身が変わらなければ、お金があっても幸せにはなれない。

●お金は君がどういう人なのかを見せてくれる鏡のようなもの。君がいい人間ならお金を使ってたくさんのいいことをするし、泥棒だったらそのお金をくだらないことに使ってしまう。

●人生においてもっともすばらしいものは、不安を乗り越えてこそ得られる。そして不安を乗り越えたときだけ人は成長する。

13章 お金があれば、困っている人を助けられる

家に帰るとすぐ、ようすがおかしいことに気づきました。父が興奮して部屋のなかを行ったりきたりしています。母はキッチンテーブルに伏せてしきりに泣いています。マネーはわたしを見ると、すぐに走ってきてわたしの後ろについて家に入りました。

いったい何があったのかと、おそるおそる尋ねました。母はいっそう激しく泣くばかりで答えてくれません。父はこわい顔をしていましたが、気持ちを抑えて教えてくれました。

「この家のローンの支払いがたまってるんだ。それで銀行から悪い知らせがきた。期日までに支払わなければ、クレジット契約を取り消すって」

「それで？」わたしは尋ねました。「そうするとどうなるの？」

「この家を取り上げられることになる。そんな大金、工面《くめん》できるわけないからな」

「そうしてまた小さな部屋に住むことになるのよ。なんてみっともない」母がすすり泣き

ながら冷たく言いました。

「そしておれたちは一生、借金から逃れられない」

「それにもう何も買えないわ」母が泣き声でつけ加えます。

「そんなことにはならないわよ」わたしはとりあえずなだめようとしましたが、いまこの場でできることはあまりないと感じました。それですぐにマネーと森へ行きました。いまこそ彼の助言が必要です。

わたしたちは隠れ家へ向かいました。ここでお金とのつきあいかたについてマネーから最初の授業を受けたのが遠い昔のことのようです。それほどいろいろなことが変わりました。

「そうだね、君はずいぶん成長しているもの」マネーの声が聞こえました。

「またあなたと話せてうれしいわ」わたしは両腕をやさしくマネーに巻きつけました。

「もうぼくなんか必要ないはずだけどな。お金のことはたいてい、実際にお金がある人たちから学んでいるじゃないか。彼らは最高の先生だよ。残っている大きな課題は、どうやってお金を投資するかってことだけだね。これについても、喜んで君を助けてくれる人たちがいるし。ぼくは君を軌道にのせるだけでよかったんだ。君はすべて一人でやりとげたんだよ」

「うん、うん、でもそんなことはどうでもいいの。いまはあなたの助けが必要なのよ。さもないと、わたしたち家を取られてしまう」

「よせよ、ばからしい」マネーはひどくまずいものでも食べたかのように、鼻と上唇《うわくちびる》をゆがめました。「だって君はもう決定的な行動をとったじゃないか。明日、両親とゴールドシュテルンさんが会う約束をとりつけただろ。彼ならすべてをうまく片づけてくれるよ」

そのことをすっかり忘れていました。もちろんゴールドシュテルンさんは信頼できます。彼ならたやすく両親を助けてくれるでしょう。

「君はいま、お金持ちになるすばらしい理由をもう一つ見つけたんじゃないかな」マネーが言いました。

わたしはわけがわからず、マネーを見つめました。

「お金持ちになれば、ほかの人を助けることができ、なおかつ人から信頼されて、喜んで助けてもらいたいと思われるような人間になれるってことさ」

「わたしがゴールドシュテルンさんのような人になれるって言ってるの？」

「イエスでもありノーでもある」マネーが答えました。「イエスというのは、君がやろうと決めたことをすべて実現できる人だからだよ。そしてノーというのは、君がゴールドシュテルンさんとまったく同じではなくて、君自身の個性を発揮していくからだ。でも、これまでどおりに努力を続ければ、彼と同じように成功することができるよ」

わたしはぽかんとしてしまいました。そんなことは夢にも考えていませんでした。でも、マネーにはわかるのでしょう。これまでの人生で最大の賛辞です。ゴールドシュテルンさんと同じように成功できるなんて。

「何をしたいかを決めることだけが大事なんだよ」

「決めるのは簡単よ」

「もちろん、たいていの人は『決めた』と言うだろうね。でも、みんながみんな、そのために必要なことをする覚悟を決めてるわけじゃない。そういう人たちにはそのための代《だい》償《しょう》を払う気はないんだ」

「それなら、わたしは何をすればいいの？」

「これまでと同じことさ。大切なのは、いくらか成功したあとでも成功日記をつけるのをやめないことだ」

その覚悟はもちろんできています。

「君が考えているほど簡単なことじゃないんだよ」訴《うった》えかけるようなマネーの声が聞こえました。「成功すると人はうぬぼれることがあるからね。うぬぼれると、人は学ぶことをやめてしまう。学ぶことをやめた人は、人としての成長も止まってしまうんだ」

マネーは自分の言葉がしみわたるのを待ってから続けました。

「成功日記をつけているかぎり、自分自身のことや周りの世界のこと、それから成功の法則について、考えを深めていくことができるし、そうすることで、自分自身のことや自分が何を望んでいるのかがいっそうよく理解できるんだ。そうしてはじめて、ほかの人のことも理解できるようになる。自分自身のことや世界の秘密を完全に理解できれば理想的だけど、それはとうていきわめつくせるものじゃない。ただ、その理想にほんの少しずつでも近づいていくことはできる」

「成功日記をつけるのは、とても楽しいことなんだけど」

「それはいいことだ。でも、ついでに言わせてもらえば、困難から逃げちゃいけない。困難や失敗、恥をかくことへの不安から人生を台なしにした人は数え切れないくらいいるんだよ」

わたしは赤くなりました。「じつはものすごく不安なことがあるの。ハイネンさんやハーネンカンプさん夫妻から強く勧められたんだけど」わたしはハイネンさんの提案のことを話しました。「この集会で話をするべきだってことはわかってるの。でも不安でどうしようもないのよ。わたしにはできないわ」

マネーからは思いがけない返事が返ってきました。「おいで、君の成功日記を取ってこよう」

そう言ったかと思うと、もう姿が見えませんでした。わたしはあ然《ぜん》としましたが、急いでマネーを追いかけました。

マネーはわたしよりずいぶん前に家に着いていました。すばやく成功日記をつかむと、わたしたちは再び走って森へ向かいました。

隠れ家に戻ったときには、わたしはすっかり息が切れていました。

「何かできないと思うことがあれば、こうするといいんだ」わたしが少し落ち着くと、マネーが言いました。「成功日記をめくって過去の成功を振り返ることで、この先も何だってできるっていうよりどころが見つかるんだ」

わたしは日記の内容に目を通しました。不安でたまらなかったことも、あとから思えば簡単なことでした。ナポレオンを散歩に連れ出すことをハーネンカンプさんに申し出たこと。ゴールドシュテルンさんと知り合ったときのこと。地下室へおりていくときの不安。母に夢貯金箱が見つかって笑われたときのこと。何よりも、マネーを失うのではないかとひどく不安だったこと……。

「君は自分が思っているよりずっと多くのことができるんだって思わないかい？」

不思議なことに、集会で話をすることに対して、それほど不安を感じなくなっていました。これまでにやりとげてきたことを思い出せば思い出すほど、自信がわいてきました。全身をなえさせるような不安はもうなく、講演のことを考えると緊張して気持ちが高ぶるだけなのだ、ということに急に気づいたのです。そして突如《とつじょ》として、やりとげられると感じました。

マネーは注意深くわたしを見守っていました。

「まるで魔法みたいね」わたしはおどろきの声を上げました。「ついさっきまで絶対できないと思いこんでいたのに、いまは何だかやりたい気持ちになってる。とっても緊張すると思うけど」

幸せがこみ上げてきました。ハーネンカンプさん夫妻やハイネンさんもわたしの決断をとても喜んでくれるでしょう。

まだわけがわかりませんでした。魔法のようでした。「どうしてこんなことが起こるの?」

マネーがほほえんだように見えました。

「不安というものは、失敗することを想像したときに生まれてくるんだ。うまくいかないんじゃないかと考えれば考えるほど、不安が大きくなる。でも成功日記を見れば、自分が成功したことだけを考えることになる。そうすれば自然と、成功すると思えるようになるんだよ」

きちんと理解できているかどうか、わたしには自信がありませんでした。マネーがもう一度要約して言いました。「進んでやろうとしている目標のことを考えているときに不安が出てくることはないだろ」

「よくわかっていないんだけど」わたしは肩をすくめました。「でもきっと電気と同じようなものね。役に立つってことがわかってれば十分ね」

そのとおり、というようにマネーは目を細めました。

わたしたちは再び隠れ家をあとにしました。今度はゆっくりと歩いていきました。ベッドに入る前に、わたしにはまだやることがありました。まず両親を落ち着かせなければなりませんでした。ゴールドシュテルンさんとの面会のことを思い出すように言うと、母は少なくとも泣きわめくのをやめました。それからマルセルとモニカに電話して、一緒に投資クラブをつくろうというトランプ夫人からの提案を説明しました。

翌朝、感じのいい運転手さんが両親を迎えにきました。ゴールドシュテルンさんいわく、両親と3人だけで話したほうがいいだろうとのことでした。ですから、ゴールドシュテルンさんが両親と何を話し、何を決めたのか、詳しくは知りません。両親は長いこと帰ってきませんでした。でも、帰ってきたときには二人ともとても幸せそうでした。

二人は、ゴールドシュテルンさんの計らいで支払いが3か月延期になったことと、分割払い金の額を32パーセント下げてもらったことだけをわたしに教えてくれました。これで、毎月もっと多くのお金が使えるようになります。そのうちの半分をいざというときのために貯金して、残りの半分で自分たちのガチョウを育てるつもりだということでした。

わたしは両親を抱きしめました。それから、マネーを両腕で固く抱きしめました。わたしがどれだけマネーに感謝しているか、両親は知るよしもありません。長いあいだ、わたしはこの白くて美しいラブラドール犬をなでていました。

わたしは自分の部屋に入りました。お祭り気分でした。目標を書いたメモを成功日記から取り出しました。そこにはわたしの三大目標の一つ、「両親を借金から救う」ことが書かれていました。これを成しとげたのです。実際にはゴールドシュテルンさんがしたことですが、面会を実現させたのはわたしです。わたしは赤いペンを取ると、はればれとした気持ちでそこに大きなチェックを入れました。それから、成功日記に特別な書きこみをしました。このすばらしい出来ごとに対して、目標メモにチェックを入れるだけでは足りないような気がしたからです。それで成功日記の最後のページに「わたしの最大の成功」と大きな見出しをつくり、その下にこう書きました。

1．両親を助けた。二人はもう借金に苦しまなくてすむようになり、同時に貯金を始めた
それから誇らしい気持ちで夢貯金箱を眺めました。これをたたき割る日も遠くないでしょう。

【13章のポイント】

- お金持ちになれば、ほかの人を助けることができる。
- 何をしたいかを決めるのは簡単。大事なのは、その代償を払ってでも必要なことをする覚悟。
- 困難や失敗、恥をかくことへの不安から人生を台なしにした人はたくさんいる。そこから逃げたらそれでおしまい。
- 成功しても、うぬぼれて学ぶことをやめてはいけない。学ぶことをやめたら人としての成長も止まってしまう。
- くじけそうなときは、成功日記をめくろう。これまでの成功を振り返ることで自信をとりもどせるから。

●不安は、失敗することを想像したときに生まれるもの。でも成功日記を読み直せば、成功体験だけを考えられる。そうすれば自然と、成功すると思えるようになる。

14章 株ってなに？　投資ってなに？

午後になってようやく、マルセルとモニカとわたしはトランプ夫人のところに集まることができました。もちろんマネーも一緒です。

トランプ夫人はわたしたちのために、深緑色のテーブルクロスをかけた丸テーブルを用意し、その上に6本のろうそくを立てた古いろうそく立てを置いていました。ろうそくの明かりが部屋全体におごそかな印象を与えていました。それぞれに席が用意され、そこに小さなファイルと1枚の封筒が置いてあります。

「ここに、第1回投資会議を始めます」トランプ夫人が重々しく宣言しました。「まずは、わたしたちのグループに名前が必要です」

それはわたしたちにはうってつけでした。わたしたちはいろいろな案を出し合いました。最終的に、モニカの出した最高のアイデア、「お金の魔術師」に決めました。魔法の呪文《じゅもん》を唱《とな》えれば、お金がひとりでにわいて出てくるという意味を込めたのです。わたしたちの魔法の呪文とは次のようなものです。

自信とアイデアをもって、好きなことをやり、
お金を日々の支出と夢の目標とガチョウ口座に分配し、
かしこく投資して、
すべてを楽しむ！

わたしたちは用意してあったペンをとり、それぞれのファイルに「お金の魔術師」というグループ名と自分たちの名前を書きました。それからファイルを開き、わたしたちは最初のページに魔法の呪文を書きこみました。そして、トランプ夫人が真面目な声で言いました。

「わたしたちの投資クラブが確実に成功を収められるようにするためには、いくつかルールが必要よ。2ページめにそのルールを書いておいたわ」

わたしたちはすばやくページをめくって、読みました。

1. ひと月に1回集まること
2. 必ず全員参加すること
3. 決められた額の現金をもち寄ること
4. クラブのお金を引き出さないこと。目標はガチョウを育てること
5. すべて全員で決定すること

そうして、わたしたちは月に1回集まる日を決めました。それから、ひと月にそれぞれが5000円を納めることにしました。これは難なくできることでした。マルセルとわたしは十分にかせいでいますし、モニカはたっぷりおこづかいをもらっているからです。わたしたちは共同で口座を開き、みんなが一緒のときしか使えないことにしました。

取り決めたことはすべて書きとめました。それから、トランプ夫人がみんなをあっと言わせるようなことをしました。

「あなたたちにどうやってお礼ができるか、ずっと考えていたのよ。それで、この投資クラブへの最初の出資金をみんなにプレゼントすることにしたの。さあ、その封筒《ふうとう》を開けてちょうだい」

わたしたちは封筒を開けました。そして目を疑いました。それぞれの封筒には1万円札

が25枚入っていたのです。お金が入っていることは内心想像していたとしても、25万円とは誰も考えてもいませんでした。わたしはちょっとくらくらしました。

「こんな大金、受け取れません」マルセルがおずおずと言いました。

モニカも同調して言いました。「そもそもわたしたちは何もしていないんですから」

トランプ夫人の見かたはちがいました。

「あなたたちはわたしのために大いに尽くしてくれたのよ。お金が盗まれたのだったら、たいしたことはなかったわ。だけど宝石はどれも、お金にはかえられないほど大切なものなの。夫がわたしにプレゼントしてくれたものだから。身につけるたびに、夫と一緒に過ごしたすばらしい時間がよみがえるの」

わたしもこの大金には少しいやな気がしていました。でも、トランプ夫人にとってわたしたちにこのお金を贈ることがどれだけ大事かということもわかるような気がしました。

わたしは立ち上がると、トランプ夫人を抱きしめていました。モニカもすぐに同じようにしました。マルセルもためらいがちに続きました。トランプ夫人はこの上なくうれしそうでした。

お金のお礼を言ってから、わたしたちはまた席に着きました。わたしたちはしばらく1万円札をためつすがめつして楽しみました。なんて大金でしょう。

「そうすると、わたしたちは全部で100万円を投資できるわね」トランプ夫人が結論づけました。そこにはもちろん、彼女の出資分の25万円も入っています。「そこに、ひと月あたりそれぞれ5000円、しめて2万円が加わるわ。1年で24万円ね。100万円を計算に入れると、このやりかたで6年後には合計244万円貯金していることになるわ。しかもこのお金を投資するから、実際にはもっと多くなる。ずっと多くなるのよ」

「どのくらいになるんですか?」モニカが尋ねました。

「それはあとで説明するわ。でもいまは銀行へ行って、このお金のための共同口座を開かないと。誰か親切な銀行員さんを知ってる?」

「知ってます!」わたしはすぐに言いました。ハイネンさんのほかに誰がいるというのでしょう。そうしてわたしたちはお金をかばんに大切にしまい、銀行へ向かいました。

ハイネンさんはびっくりしていました。わたしたち全員が1万円札25枚をテーブルに並べたのですから。もちろん、ハイネンさんはわたしたちの考えをすばらしいと認めてくれました。彼女は口座名義を「お金の魔術師」にし、口座残高通知書も「お金の魔術師」あてになるようにしてくれました。ほかのみんなが帰ろうとしたとき、わたしは少しだけそこに残りました。ハイネンさんに伝えたいことがあったからです。講演を引き受けることにしたと、ハイネンさんに告げました。

ハイネンさんは満足そうにわたしを見つめました。そして、一度晩にハイネンさんにうちへ来てもらって、講演の練習をする約束をしました。

わたしは急いでみんなに追いつきました。一緒に通りを歩いていると、ほんとうに「お金の魔術師」になった気分でした。

再び魔女の家に戻ると、最初の講義が始まりました。どうやってお金を投資するか、決めなくてはならないのです。

全員が丸テーブルに着くと、トランプ夫人が口を開きました。

「投資っていうのはたいていの人が思っているよりずっと簡単なのよ。結局のところ、三つのことだけを注意していればいいの。ファイルの3ページに書いてあるわ」

わたしたちはすぐに3ページを開きました。わたしが声に出して読みあげました。

「1．安全な投資をすること」

「あたりまえさ」マルセルが言いました。「そうでないとお金が全部なくなっちゃうからな」

「そのとおりね」とトランプ夫人。

わたしは次の項目を読みあげました。

「２．投資したお金に金の卵をたくさん産んでもらうこと」

トランプ夫人が説明します。「みんなもちろんお金を増やしたいわよね。だから、どこに投資すれば一番いい利息がつくかを見きわめなければならないの。それで、一番もうかるのは株なのよ」

残りの項目はあと一つです。

「３．投資はわかりやすいものであること」

「そして、扱いやすいものであること」とわたしがつけ加えると、トランプ夫人が補足しました。「銀行の口座みたいにね。すべてゲームのように簡単にできなくてはね」

これはとりわけモニカにとって大事なことでした。モニカは自分には理解できないのではないかと、ひそかに不安を抱いていたのです。

「それじゃあ、全部株に投資するんですね？」マルセルが結論をいそぎます。

「そもそも株って何なの？」モニカが尋ねました。

「株が何かなんて誰でも知ってるよ」マルセルはえらそうにモニカを見て言いました。

「それじゃあ、モニカちゃんに説明してあげてくれるかしら」トランプ夫人がマルセルに言いました。

「もちろん」マルセルは説明を始めました。「株は、もし……、えっと、株式市場《かぶしきしじょう》で、えっと、えっと、……つまり、投機《とうき》をすると……」

マルセルは真っ赤になって言葉につまってしまいました。

トランプ夫人がやさしく言いました。「多くの大人もそこで言葉につまってしまうのよ。みんな株について多少は知っているけど、実際はどんなものなのか、正確に知っている人は少ないのよ」

じつはわたしも「株」という言葉は知っていましたが、それが何を意味するのかは全然わかっていませんでした。

「ちょっと想像してみて」トランプ夫人が続けました。「マルセル君がパン配達サービスのために、会社のパソコンを8万円で買うとしましょう。そうすれば仕事はとても楽になるし、時間も節約できるわ。だけど彼は自分のお金を使うつもりはない。それならお金を借りればいいわね。そのためには銀行で借りるという方法がある。でもそうすると、借入金を定期的に返済するほかに、利子を支払わなくてはならない。でも1円も金利を支払いたくない場合、もう一つまったく別の方法があるの。つまり、マルセル君はあなたたち二人に相談するの。返済もしないし、利子の支払いもしないけど、会社のためにお金を出してくれないかって頼むのよ。たとえば、あなたたちはそれぞれ4万円を彼に渡すの。そうすると彼の会社は受け取った8万円でパソコンを買うことができる」

「なぜわたしたちがそんなことをしなくちゃいけないんですか？」モニカがびっくりして尋ねました。

「まさにそこがポイントなの。あなたたちに何か得があると思う場合にだけ、出資すればいいのよ。例えばマルセル君があなたたちを彼の会社の共同経営者にするって言ったら、お金を出す意味があるわよね」

「そうするとどうなるんですか？」わたしは知りたくなりました。

「たとえば、マルセル君の会社の価値が40万円のときに、あなたたちが4万円ずつ出資してそれぞれ彼の会社の10パーセントをもつことになったとしましょう。その後しばらくして、仮に彼の会社の価値が１００万円になったとしましょう」

「でもどうやってその価値がわかるんですか？」わたしが尋ねました。

「価値というものは、人がいくらそれに支払うかによって決まるのよ」トランプ夫人が説明しました。

マルセルにはすぐにピンときました。

「もしかしたら、別のパン屋がおれの会社を１００万円で買うかもしれない。１００万円払っておれの会社を買って自分たちのものにすれば、おれの会社が持っている顧客を獲得できるからな。新しいお客はそこでまったく別の商品も買うかもしれないから、きっといい商売になるんだ」

トランプ夫人はうなずいて、マルセルをほめました。「あなたはとても商才があるのね」

マルセルは見るからに喜んでいました。

トランプ夫人が続けました。

「マルセル君が会社を売るとして、誰かがそれに100万円払うとすると、マルセル君はその80パーセント、つまり80万円を受け取る。あなたたちはそれぞれ10パーセント、つまり10万円を受け取るってわけ」

「そうすると、彼に最初に渡したお金より6万円多くもらえるのね」モニカが喜びの声を上げました。

「抜け目のないやつだな」マルセルがくすくす笑いました。モニカがマルセルをじろりとにらみました。

「でもそれは」わたしは考えながら言いました。「会社が売れたときしかお金はもうからないってことですか?」

「そうでもないわ」トランプ夫人が答えました。「誰かほかの人があなたの10パーセントを買いたいと言うかもしれない。そのときはあなたがいくらで売りたいかを決めるのよ。たとえば11万円で売れるとすれば、あっという間に結構なもうけになるわ」

「それならいっそ20万円で売るわ」モニカが声を上げました。

「当然それも可能よね」トランプ夫人は賛同しました。「でもそうすると、誰もあなたの10パーセントを買わないかもしれないわ。結局、人はそれがいつかもっと高く売れると思うときだけ買うのだもの。そしてまさにこういうことが、毎日株式市場で行われているのよ。株式市場とは、いろいろな会社の株を売ったり買ったりしたい人々が集まる場所なの。将来もっと高い金額で誰かが株を買ってくれることを期待しているのよ」

「でも、そんなこと誰にもわからないじゃないですか」わたしは考えこんで言いました。

「そのとおりよ。でも、マルセル君の会社の価値が上がるかどうかはだいたい推測できるのよ」

「そして、ぼくの会社の価値が上がれば、君らの持ち分《もぶん》の10パーセントの価値も上がるってことだ」マルセルが言いました。「それに、価値がもっと上がると期待して、誰かがその持ち分をさらに高額で買おうとするかもしれない」

わたしは感心してマルセルを見つめました。「あんたって、そういうことを理解するのがとても早いのね」

「ほんとうに、彼は理解が早いわね」トランプ夫人が再びマルセルをほめました。「誰にでもそう簡単にわかることじゃないのよ」

「たとえばわたしには、自分で会社をつくったり働いたりするのはちっとも簡単じゃないわ」モニカがぶつぶつ言いました。

「まさにそこが株のいいところなの」トランプ夫人はうれしそうに言いました。「自分で会社を設立する必要はないのよ。持ち分、つまり株を買うことで、誰でも簡単に会社の経営に参加できるしくみになっているんだから」

「つまり、ほかの人にわたしのお金でわたしのために働いてもらうってことね」モニカが喜んで言いました。

わたしはまだ十分納得できていませんでした。「でも、もし誰もわたしの株を買おうとしなかったら？」

「そのときは、誰かがこれなら買ってもいいって言うまで価格を下げなければならないわね。ただ、買い手はいつだっているものよ。問題なのはいくらで売るかということなのよ」トランプ夫人が説明しました。

「そうするとお金を損することもあるわけですよね」わたしは非難がましく言いました。それはいやです。

「そのとおり。でも、損をするのはあなたが売るときだけよ。株をもち続けていれば、いつか誰かがもっと多くのお金を払うかもしれないわ」

「するとそのあいだは1円ももうからないってことですか？」わたしは不審に思いました。

「そのあいだはあらゆる利益が分配されるのよ。利益が出るたびに、その利益が株をもっている人全員に分配されるの。これを『配当金《はいとうきん》』と言うのよ」

「つまり、マルセルは自分のもうけのうちいくらかを、定期的にわたしたちに渡さなければならないってこと？」わたしがそう言うと、モニカがうれしがりました。

「たいていの会社では、年に1回、いくら利益があったかを計算するの。それからそのお金をどうするか決めるのよ。たとえば、利益の一部で新しいものを買って、会社がよりよく活動できるようにすることができるわ。そして残った利益は、株をもっている人みんなで分配するのよ」

「誰がそれを決めるんですか？」モニカが尋ねました。

「株をもっている人全員よ。多数決で決めるの。これを『株主総会《かぶぬしそうかい》』と呼んでいるわ」

「この考えは気に入ったわ。だってわたしが自分で全部わかっていなくても、会社のことはマルセルがわかっているんですもの」モニカはこれまでの会話を自分につごうよくまとめました。「わかってなくても自分の持ち分があれば彼と同じぐらいもうかるなんて、とってもいいわ」

「そうは言っても、会社のことはよく知っておくべきよ」わたしはそうつけ加えてから、いい投資のための三つの原則を書いたページをもう一度見つめました。「これまで説明してくださったことからすると、株はとくに安全というわけでも、わかりやすく扱いやすいというわけでもないような気がします。高い利益率という二つめの項目だけが当たっているように思えるんですけど」

「自分で株を買おうとすれば、そのとおりね」トランプ夫人は同意しました。「でも、どの会社の株を買えばいいか、ほかの人に探してもらうこともできるのよ」

「そのほうが自分には向いてると思うわ」わたしは感じたことを言いました。「いったい誰がそんなことをしてくれるんですか？」

「それについては次回会ったときにゆっくり話すことにするわ。今日はもうたくさん学んだし、銀行にお金も預けたことだし。次回、どんな子どもでも、詳しいことを何も知らなくても、株でもうけられる方法を教えてあげるわ」

マルセルは不満そうでした。「かしこい商売人として、ぼくは自分のお金をただ銀行においとくわけにはいかないんです。それじゃあ少ししか利息もつかないじゃありませんか」

トランプ夫人は笑いました。「あなたは愉快な人ね。ほんとうに、利益を上げることだけを考えてるのね。でもきっとうまくいくわ。集中して考えていることは、その人の人生のなかで大きくなっていくものだから」

「それじゃあ、やっぱりぼくたちのお金をすぐに投資したほうがいいですよね？」マルセルが尋ねました。

「いいえ。すぐに投資すればいいとは限らないのよ。投資をする前に、自分が何をしているのかもっと正確に知っておかなければね。それに、最初の投資をする前に、すばらしい投資方式をあなたたちに説明しておきたいの。それについての書類も用意するわ。というのも、子どもたちが好きないろんな会社の経営に参加できる方法があるのよ」

「わたしはマクドナルドとコカ・コーラがいいわ」わたしがすぐに言いました。

「それからディズニーも」モニカが叫びました。

「それなら、どうやったらこうした会社に参加できるか、教えてあげるわ」トランプ夫人は秘密めかして約束しました。

みんな明日にでもまた集まりたい気持ちでしたが、トランプ夫人が書類を用意するのに数日かかると言ったので、わたしたち「お金の魔術師」は5日後に集まることに決めました。


【14章のポイント】

● 投資は思っているより簡単。

●ガチョウを育てるための投資の3原則とは――
1．安全な投資であること
2．金の卵をたくさん産んでもらえること
3．わかりやすく、扱いやすいこと

●自分で会社をつくらなくても、その会社で働かなくても、株を買うことで簡単に会社の経営に参加できる。つまり、自分の代わりにお金に働いてもらえる。

●株を買ったり売ったりしたい人が集まって、毎日売り買いをおこなう場が「株式市場」。

●ものの価値は「人々がそれにいくら払うか」で決まる。

●株への投資は、多くの利益を生み出す可能性がある一方で、もともと出したお金が減ってしまう可能性もあることを理解しておこう。

15章 自分に自信を持つには？

そんなある日にハイネンさんが訪ねてきました。わたしがすることになっている講演について、一緒に話し合いました。わたしは話すことを一語一語まとめた原稿をつくっておいたほうがいいと思いましたが、ハイネンさんはそうしないほうがいいと言いました。書かれたものを読むと、たいくつな棒読《ぼうよ》みになってしまうというのです。

そういうわけで、最初の計画どおりにすることにしました。ハイネンさんが質問をして、わたしがそれに答えるのです。わたしたちは質問内容を決め、それに答える練習をしました。

集会のある土曜日が近づいてきました。わたしはだんだん緊張してきました。いっそ病気で寝込んじゃえばいいのにとか、集会そのものが中止になればいいのにと思うほどでした。

そしてついに、土曜日の朝になりました。わたしはよく眠れず、朝もずいぶん早くから目が覚めてしまいました。そうしてだんだん、パニックになってきました。

とんでもないことをやろうとしてるんだわ。どうして引き受けてしまったんだろう？勇気を出さなきゃ……。でも、胃のもやもやはなくなりません。ああ、もう無理だわ。

そのとき、マネーがしっぽを振りながらわたしに体を押しつけました。

「今回はマネーでも助けにならないわ」わたしはため息をつきました。「自分でまいた種《たね》なんですもの。これまで一度も講演なんかしたことなかったのに、よりによって300人もの人の前で話さなきゃならないなんて」

そのとき、マネーが何か口にくわえていることに気づきました。わたしの成功日記でした。

「ありがとう、マネー。でもいまはだめ。何も集中して考えられないの」

マネーは引き下がりません。日記を口にくわえたまま励《はげ》ますようにわたしを見つめました。わたしはいらいらしてマネーをちょっと向こうへ押しやりました。

マネーはすばやく身をかわすと、日記をわたしのひざの上に落としました。わたしがどけようとすると、マネーが急に2、3度吠えました。

思わず笑い出してしまいました。するとたちまち、気分がちょっと軽くなりました。わたしは日記を開きました。そのとき不意に思い出したのは、わたしたちが最後に「会話」したときに起こったことです。日記をめくったことで、ようやく勇気が出てきたのでした。

ぼんやりと日記をめくり、気ままに読み始めました。自分がこんなにたくさんのことを達成してきたなんて。わたしがかせいだお金、手に入れた仕事、魔女の家での冒険、新しい銀行口座、お金とのつきあいかた、両親の経済状態をよくするのに力を貸したこと……。

思いのほか日記に集中して、わたしは目の前の講演のことを忘れていました。やろうと決めたことは全部やりとげられるのだと思えてきました。

少なくとも30分は日記を読んでいたでしょう。気分はすいぶんよくなっていました。そうして、時間になりました。わたしは着替えると、車庫から自転車を出そうとしました。

そこに両親がキッチンから出てきました。二人ともわたしと一緒に行こうとしているようです。わたしは卒倒《そっとう》するかと思いました。両親が聴きにくるなんて夢にも思っていなかったのです。ほとんど言われるがままに、わたしはマネーと一緒に両親の車に乗りこみました。

会場まではほんの短い距離でした。車の中でわたしはマネーにぴったり寄りそって、自分を落ち着かせました。

学校の入口には、すでにハイネンさんが待っていました。彼女はうれしそうにあいさつすると、わたしの手を取りました。わたしたちは学校の大講堂へ向かいました。

講堂は満員でした。なんて大勢の人！

わたしたちは一番前の列に座りました。まだわたしの番ではないのに、みんなが自分を見つめているような気がしました。

突然、聞き覚えのある声が聞こえてきました。声のするほうを振り返ると、後ろの通路によく知った顔がありました。車椅子に乗ったゴールドシュテルンさんが、感じのいい運転手さんに押してもらってこちらに近づいてくるところでした。わたしは大喜びでゴールドシュテルンさんにあいさつしました。

「キーラちゃん、今日は君の特別な日だね。ぜひともこの場に居合わせようと思ってね。君のご両親が教えてくれたんだ」

わたしは感激して言葉になりませんでした。

そのときようやく、ゴールドシュテルンさんがわたしの親しい人たちを連れていることに気づきました。マルセル、モニカ、トランプ夫人、ハーネンカンプさん夫妻、みんな来てくれたのです。わたしはみんなにあいさつしました。ここで友人みんなに会えたことで自信がわいてきました。ひどくドキドキしていましたが、それでもわたしならやりとげられると不意に確信できたのです。

ハイネンさんがわたしに合図しました。わたしたちの番です。

わたしは立ち上がると、とっさにマネーについてくるように指示しました。犬と一緒に舞台に上がるのはちょっと変かもしれません。でもわたしにはそうすべきだと思えたのです。

わたしたちはマイクに向かって立ち、ハイネンさんが話し始めました。

「生徒のみなさん、保護者のみなさん、先生方。わたしには日ごろから気にかかっていることがあります。子どものうちからお金との正しいつきあいかたを学ぶことがいかに大切かということです。どうすればお金というテーマをみなさんによく理解していただけるのか、長いあいだ考えてまいりました。そんなある日、わたしは小さな女性のお客さまと出会いました。そのお客さまはたいていの大人より上手にお金とつきあっているのです。毎月たくさんのお金をかせぎ、そのお金をすばらしいやりかたで分配しているのです。ちょっと前まで自分のおこづかいのやりくりに困っていたごくふつうの女の子です。でもその女の子は、いまではアメリカ留学とノートパソコンという二つの大きな目標を自分のお金で実現できるほどのお金をもっているのです。

その女の子はキーラさんといいます。そしてこれから、彼女が実行しているやりかたをみなさんに紹介してくれます」

それからハイネンさんはわたしのほうを向きました。

「キーラさん、わたしたちの学校へようこそ。あなたの成功に心からお祝いを申しあげます。また、あなたが質問に答えてくださることをうれしく思っています。さて、最初の質問です。あなたはお金をどうやって分配しているのですか？」

わたしは聴衆にわたしのやりかたを説明し、金の卵を産むガチョウの物語も話して聞かせました。

ハイネンさんはさらに、子どもがお金をかせぐためのアイデアや成功日記のこと、そのほかいろいろなことについて質問しました。

答えるとき、わたしはとくに、しきりにうなずいているゴールドシュテルンさんと、ずっと「いいね！」と親指を立てているマルセルを見ていました。これまでの緊張はどこかへ消えてしまいました。

ようやく最後の発言を終えると、すぐに大きな拍手《はくしゅ》がわき起こりました。マネーも拍手に合わせて力強く吠えました。わたしはすぐに舞台からおりようとしましたが、ハイネンさんがしっかりわたしをつかまえていました。そのため、わたしはいやいやながらもしばらく拍手喝采《かっさい》を受けていなければなりませんでした。何だか変な気分でした。

友人たちのところへ戻ると、みんながほめてくれました。母が誇らしげにわたしを抱きしめ、父はわたしの頭をくしゃくしゃとなでました。最初の興奮がおさまると、ゴールドシュテルンさんが強い口調で言いました。「君を誇りに思うよ」

わたしは恥ずかしくなってそれを打ち消しました。「とても緊張してしまって、話すつもりだったこともみんな忘れてしまったんです」

ゴールドシュテルンさんはほめるのをやめませんでした。

「君には人前で話をする才能があるよ。みんな喜んで君の話を聞いていた。それに君が何をもっと話すつもりだったかは誰にもわからない。だから、わたしのほめ言葉を素直に受け入れればいいんだよ。そもそもさっき言ったことも、わたしはそうたびたびは言わないよ。君を、ほんとうに誇りに思う」

彼はしばらく間をおいて、自分の言葉がきちんとしみわたってから続けました。

「だけど、君がしりごみしていたら、自分に何ができるのかわからないままだっただろうね。人が自分をもっとも誇りに思えるのは、もっとも困難なことをしたときなんだ。忘れちゃいけない」

わたしは幸せな気持ちでほほえみました。やってよかったと思いました。

集会がお開きになってから、一人の女性が人をかき分けて近づいてきました。彼女はある出版社の編集長だと名乗りました。わたしの話を本として出版したらどうかと言うのです。

マルセルがそれを耳にして、すぐに乗り気になりました。「いいタイトルがあるぜ。『まぬけ頭からお金の魔術師へ』さ」

わたしはマルセルをじろりとにらみました。出版そのものにはあまり興味がありませんでしたが、連絡先は渡しておきました。でも、すべてマネーのおかげだということは誰にも打ち明けることはできません。

わたしはその女の人とすぐに別れました。それから両親に歩いて帰ると伝えました。とにかく早くマネーと二人きりになりたかったのです。

幸せな気分で黙ったまま、わたしはマネーと街を歩きました。途中で、マネーのために犬用ビスケットの特大袋を買いました。それからわたしたちの隠れ家へ寄り道をしました。

そこで地面に座るやいなや、自分がどれだけ緊張していたかがわかりました。すべての緊張がいっぺんにとけて、わたしはちょっと泣いてしまいました。つらい涙ではありませんでした。むしろとても幸せで、自分のことがとても誇らしくて、感極まってしまったのです。人生ではじめて、自分がじつに多くのものを動かせるのだと感じました。

わたしは感謝の気持ちでいっぱいでした。どんなに人生が変わったことか！

感動冷めやらぬまま、わたしはマネーを見つめました。

ただそのとき、この白いラブラドール犬との関係ももうじき変わっていくのかもしれないなと漠然《ばくぜん》と思いました。

でもそれがどんなことであれ、不安になることはありませんでした。


【15章のポイント】

● 人が自分を誇りに思えるのは、困難なことをなしとげたとき。

16章 投資信託ってなに？

そうしてようやく、わたしたちはトランプ夫人の「魔女の家」に再び集まりました。みんな、自分たちのお金を投資するのが待ちきれません。

トランプ夫人はすでに、わたしたちの席やろうそくなど、なにもかも準備していました。

わたしたちがテーブルに着くと、トランプ夫人がおごそかに会議の開会を宣言しました。

「お金の魔術師のみなさん、今日は記念すべき日です。今日、はじめてわたしたちのお金を投資します」

みんな身動きもせずに座っていました。誰もしゃべりませんでした。

「100万円は大金よ」トランプ夫人のかすれた声が響きました。「だからかしこく行動することが大事なの。わたしから提案があるんだけど、ただ、全員がその提案に賛成した場合にだけ、投資することにしましょう」

「わたしはすべてに賛成よ」モニカがすかさず言いました。

「まあ、やってみましょう」トランプ夫人が言いました。「まず、あなたたちが好きな会社に参加できるようにする投資のしかたを紹介するわ」

「好きな会社全部から株を買えばいいんだ」マルセルが提案しました。「お金は十分にあるんだし」

「もっと簡単な方法を教えるって約束したことを覚えてるかしら？」トランプ夫人は再び会話の主導権を握りました。「その答えはね、『投資信託《とうししんたく》』よ」

「投資信託？」モニカが不思議そうな顔をしました。

「大事なことを書いた紙を用意しておいたわ」

わたしが声に出して読みました。

「投資信託は大きなお鍋《なべ》のようなもので、おおぜいの投資家がそこに自分のお金を入れます。なぜなら彼らには自分で株を選んで買う時間や知識や、あるいはその気がないからです。

このお鍋のなかのお金は、『ファンドマネージャー』と呼ばれるお金の専門家によって株に投資されます。すべては国によって厳しくチェックされ、ファンドマネージャーは一定の決まりを守らなければなりません。たとえば、20種類以上の異なる株を買わなければなりません」

「いったいどうして？」マルセルがさえぎりました。

「一つの会社だけだといっぺんに損をすることがあるからよ」トランプ夫人が説明しました。「たとえば、あなたが10万円もっていて、ある会社の株を1株5000円で20株買うとするわね。もしその株が40パーセント下落したら、もう5000円で売ることはできなくて、たったの3000円になってしまうわ。株を売っても6万円しか受け取れない」

「ばかをみるわけだな」マルセルが言い足しました。

「だからこそ、ファンドマネージャーは20以上のちがった株を買わなければならないの。もう一度10万円の例で考えてみましょう。今度はそのお金で20種類の株を買うと仮定するわね。一つの株の価値が40パーセント下落しても、そのほかの株がそのままの状態だったら、まだ9万8000円もっていることになるわ」

マルセルがすばやく計算しました。「そうすると、元の10万円のうち2パーセントだけ減ったということになるんだ」

「そのとおりよ、もうわかったのね」トランプ夫人がマルセルをほめました。「実際には、上がる株と下がる株、ほとんど変わらない株があるけど、全体としては上がる株が優勢になるの。というのも、ファンドマネージャーはそうとう事情に通じているから」

「でも、全部の株が下がったらどうなるんですか?」わたしは心配になりました。

「そのときは売ってはいけないの。前回株について話したときに言ったこと覚えてる? 下がってるときに実際に株を売れば損をするだけよ」

マルセルが大きな声で言いました。「だからぼくたちはすぐに使わないお金だけを投資するんだ。そうでしょう?」

「そのとおりよ」トランプ夫人はうれしそうに言いました。「わたしたちは投資信託への投資を計画している。それはわたしたちがお金を10年以上そこに預けるつもりだからよ。時間がある人にとっては、投資信託はとてもリスクの小さい投資なの」

「そりゃそうさ。だって投資信託に入っている株の大半はそれだけの年月のあいだに利益を生み出すからですよね」マルセルが納得顔で言いました。

ずっと黙っていたモニカがそこで声をあげました。「もしファンドマネージャーがわたしたちのお金をもち逃げしたら?」

「そんなことはできないわ。ファンドマネージャー自身がそのお金を受け取るわけじゃないんですもの」トランプ夫人がほほえんで言いました。「お金は直接銀行の保管金庫に振り込まれて、そこで保管されるの。100パーセント安全よ」

わたしたちはみんなこれまでの説明に納得がいきました。わたしは続けて読みました。

「投資信託は投資のどんなニーズもかなえます。子どもや若者のニーズにも合うようにできているのです。10年以上お金を預けることができれば投資は安全です。すばらしい利益をもたらします」

「すばらしい利益って、いったいどのくらい？」マルセルがさえぎりました。

「1年当たり平均で8パーセントから12パーセントは可能ね」先生役のトランプ夫人が答えました。「長年にわたってそのくらいの利益を出している順調な投資信託がいくつもあるからわかるのよ」

「12パーセントってどのくらいになるの？」モニカが尋ねました。

「6パーセントの2倍だよ」マルセルが物知りぶって教えました。

「今回はちょっとちがうわね。結果としては、2倍どころかもっと多くなるのよ」トランプ夫人が言いました。「でもまず、8パーセントでお金が増える場合の例で考えてみるわね。その場合、わたしたちの100万円は25年後にはほぼ7倍、つまり約680万円になってるわ」

「わーお」マルセルが声を上げました。

「それならもう十分丸々と太ったガチョウね」わたしはうれしくなりました。

「そのほかに、ひと月に一人当たり5000円、合計2万円を貯金するから、これも8

パーセントずつ増えるとすると、25年後には約2060万円ね」

みんな雷《かみなり》に打たれたかのようにしんとしてしまいました。信じられないほどたくさんのお金で、きちんと理解することもできません。

最初にわれに返ったのはもちろんマルセルでした。「つまり、そのときはぼくたちみんなで約2740万円ももってるんだ」

「そうなったら正真正銘《しょうしんしょうめい》の『お金の魔術師』ね」モニカが喜びました。

トランプ夫人はわたしたちの喜びようを見てうれしそうでした。「でもそのときに、そのお金をさらにあと10年投資することにすれば、それは2倍どころか6000万円ぐらいにはなるわ」

わたしはくらくらしました。これはもちろんみんなのものですが、それでもそれぞれの持ち分は、25年後には約685万円、35年後には約1500万円になります。とてもすてきです。クラブ名の選択はまちがってなかったなと思いました。わたしたちはほんとうにお金の魔術師です。

みんながわたしを見ていました。それでようやく、興奮のあまり続きを読むのを忘れていたことに気づきました。わたしは赤くなりながら、急いで続きを読みあげました。

「投資信託は、わかりやすく扱いやすいという三つめの原則も満たすことができます。投資信託は取扱いがとても簡単です。銀行の通常の口座とほとんど同じです」

銀行口座ならわたしも経験があります。ほんとうに簡単でした。

トランプ夫人はわたしたちを順番に見つめて言いました。「わたしたちのお金をこうした投資信託に投資するのはどうかしら？」

モニカはすぐに賛成しました。なんと、モニカは投資信託の利点をたちどころに理解していたのです。

「それならお金は安全だし、25年後には2700万円以上になるし、すべては通常の銀行口座と同じくらい簡単に処理できるのよね」

もちろんわたしも乗り気でした。

マルセルはまだためらっていました。「投資形態はぼくたちにもってこいだと思うけど、どの投資信託を選ぶべきか、どうやったらわかるんだ？　株にもいろんなものがあるように、投資信託にもいろんなものがあるんだろ」

「そのとおりよ。何千というういろいろな投資信託があるわ」トランプ夫人が同意しました。

「でもじっくり見ていくと、候補に挙がるものはそれほど多くないの。わたしたちにとって最適の投資信託がどんな基準を満たしているべきかを書いておいたわ」

トランプ夫人がわたしを見たので、わたしは次のページを開いてそれを読みあげました。

「いい投資信託を探すときに気をつけなければならないことは――

1. その投資信託が10年以上続いていること。それだけの期間にわたって良好な利益を出しているものであれば、将来もうまくいくと予想できる
2. 大規模で国際的な投資信託であること。そうした投資信託は世界中から株を買うため、リスクが分散され、安全性が高い
3. 競争リストで投資信託を比較すること。過去10年間でどの投資信託が一番いい結果を出しているかを見ること

わたしたちはしばらく黙って、注意しなければならないことについて考えていました。マルセルが額《ひたい》にしわを寄せていました。「そんな競争リストってどこにあるんだろう？　それにどれが『大規模で国際的な投資信託』か、どうやったらわかるんだろう？」

「それがわかるのよ」モニカが意味ありげに言いました。「次のページをめくればね」モニカはすでに先をめくっていたのです。トランプ夫人は1枚の競争リストをわたしたちのファイルに入れておいてくれたのでした。

わたしたちは熱心にそれを眺めました。優良な投資信託を見つけるのは簡単でした。い

くつかの投資信託がほかよりもずっと多い利益を出していました。

「最後の欄《らん》の『ボラティリティ』ってどういう意味ですか？」とモニカ。

「それは『上がり下がり』のことよ。つまり株価の変動が大きければ大きいほど、その欄の数字が大きくなるの。それによって、投資家はどのくらいがまんすればいいかがわかるのよ。変動が大きければ大きいほど、それに反発する動きも大きくなる。そうして急激に株価が上がったかと思うと、数日後には大幅に下落《げらく》することもあるの」

「つまり、ボラティリティが小さいほどリスクも小さいってことですか？」マルセルが尋ねました。

「ある程度まではそういうことね。いずれにしても、ボラティリティが小さければ安心感は高まるわね。利益も比較的一定して増えていくわ」

「どうして単純に『上がり下がり』って言わないのかしら。なぜこんな難しい呼びかたにしなくちゃいけないの？」モニカが不平を言いました。モニカの言うとおりです。

トランプ夫人が笑いました。「金融業界の人たちってちょっと変わってるのよ。自分たちにしかわからない用語を使ってみせることで、自分たちがえらくなったように感じるのかもしれないわね。ただ残念なのは、そのせいで多くの人が投資はわからないって思ってしまうことね。わからなければ信用もしないもの。実際にやってみれば、おどろくほど簡単なのにね」

こうしてわたしたちは、投資信託がどのくらいの利益を出しているか、どのくらい安定的に展開しているかを読み取っていきました。

でもそれがわかっただけでは十分ではありません。

「このうちのどの投資信託がほんとうに大規模で、世界中から株を買っていて、安全だって、どうやったらわかるんですか?」とわたし。

モニカが口をはさみました。「それも次のページを見れば……」

「抜け目のない子ね」わたしはモニカをさえぎってすばやくページをめくりました。トランプ夫人はわたしたちのために20の投資信託のリストを用意していました。そこには、各投資信託の規模、過去10年、5年、3年の利益が載《の》っていました。さらにその投資信託がどこで株を買っているかも書いてありました。しかもどの会社からとくに多くの株を買っているかまで書かれていました。

「おい」マルセルが声を上げました。「ここにおもしろい投資信託があるぞ。初心者向きって書いてあるし、しかも個別の株を買うんじゃなくて、ほかの投資信託を買ってるんだ。そこにどんな投資信託が入っているか見てみろよ。このファイルに書いてあるのと同じ投資信託が入ってる。しかもその投資信託には、ぼくらが一番興味のある会社が含まれてる。コカ・コーラにディズニー、マクドナルドもあるぞ」

わたしたちは熱心にその紙を眺めました。

「これなら十分大規模だし、この数年すばらしい利益を出してるじゃない」モニカが喜んで言いました。

「1年に10パーセント以上ね。しかもあまり変動してないわ」とわたし。

「これはいったいどういうしくみになってるんですか？」わたしはトランプ夫人に尋ねました。

トランプ夫人はにっこりして答えました。「要するにこれは『ファンド・オブ・ファンズ』なの。ファンドマネージャーがほかの投資信託（ファンド）を一つにまとめているからこう呼ぶのよ。この場合、ファンドマネージャーは個々の株を買うのではなく、彼が見つけた最良の投資信託を買うの。だからとても安全なのよ。

個別の投資信託がそれぞれ、約１００のさまざまな株を買うことを想像してみて。ファンド・オブ・ファンズのファンドマネージャーはこの場合、世界中から約１００のさまざまな株を買ったあらゆる投資信託のなかから、15の異なる投資信託を買うの。そうすると、たった一つのファンド・オブ・ファンズが約１５００種類の株をもっていることになるわ。そしてわたしたちの１００万円がこれらの会社すべてに出資されることになるの。すてきじゃない？」

わたしたちはたちまち、このファンド・オブ・ファンズが自分たちに最適だという意見で一致しました。


トランプ夫人は満足そうにほほえみました。「わたしも内心この投資信託がいいと思ってたの。みんなが同じ答えになってうれしいわ」

それからトランプ夫人はわたしたちを試すように見て尋ねました。「これからもずっと10パーセント以上のもうけがあるということは、どういうことかわかる？」

わたしたちは肩をすくめました。

「簡単な公式があるの。それを使えば複雑な表を眺める手間も省けるのよ。それは『72の公式』っていうの。72を年間の利率で割るだけでいいのよ。そうするとあなたたちのお金が2倍になるまでの年数がわかるの」

「へえ？」モニカが低い声で言いました。

「72割る10はいくつ？」トランプ夫人が尋ねました。

「7・2」マルセルがすばやく計算しました。

「正解！　つまり、年間10パーセントもうかるとすれば、7・2年後にはお金が2倍になるということよ」

マルセルは考えながら言いました。「もし15パーセントずつ増えるとどうなるかを知りたければ、72を15で割ればいいんだから……えっと４・８年だ」

「単純に言えば、年利《ねんり》15パーセントで投資すれば約5年後にはお金が2倍になるということね」トランプ夫人が数字を丸めて言いました。「要するに、これからも10パーセントの利益が出れば、わたしたちの１００万円は約7年後には２００万円にふくらんでるってわけ。約14年後には４００万円、約21年後には８００万円、そして約28年後には１６００万円ね」

「８パーセントで予想したときよりはるかに多いわ」わたしは喜びました。

「しかもファンド・オブ・ファンズに任せればいいだけなんですもの。すばらしいシステムね」モニカも興奮しています。

いったん決めてしまえば、あとは簡単でした。わたしたちは用紙に記入し、４人全員で署名してから、表示されている宛先に送りました。数日のうちに投資信託会社から口座を開いたという返事があり、わたしたちの口座番号を知らせてきました。そうしてこの口座に１００万円を振り込みました。

わたしたちは月々貯金する２万円も同じ投資信託に投資しようとしました。でもトランプ夫人は、もう少しリスクの高い別のファンド・オブ・ファンズを選んだほうがいいとわたしたちを説得しました。そうすることでリスクをより分散できますし、同時に利益を得る可能性も高まるからです。

このところ、わたしには成功日記に書くことがたくさんありました。講演のこと、とくにそれをやりとげたこと。みんなからもらった言葉。さらに増えた収入のこと。お金の魔術師たちと共同の最初の投資のこと。

日記をつけるときに、何を書こうかと長く考える必要もなくなっていました。書けば書くほど、成功を収めることが多くなっていく気がします。自分に自信がついてきたおかげにちがいありません。

マネーとはもう長いあいだ話していません。でもそれをとりたててさびしいと思うこともありませんでした。マネーと一緒に遊んだり散歩に行ったりするだけで十分でした。マネーがわたしのそばにいてくれればそれでよかったのです。宿題をしているときも、マネーはわたしの足元に伏せてわたしを注意深く見つめていました。そうしていつの間にか眠っているマネーに、ほっと心が安らぐのでした。

【16章のポイント】

- 「投資信託」とは、大きなお鍋のようなもの。自分で株をえらんで買う時間や知識や、あるいはその気がないおおぜいの投資家が、そこに自分のお金を入れる。
- このお鍋のなかのお金を株に投資する、お金の専門家を「ファンドマネージャー」という。ファンドマネージャーは、どこに投資すればお金がもうかるか、とてもよく勉強していて、将来株価が上がりそうなところを選んでくれる。そしていっぺんに損をしないように、いろいろな会社の株を買ってセットにしている。
- それでも、何かの拍子《ひょうし》に全部の株が下がることだってある。だから、また上がるまで待てるように、すぐに使わないお金だけを投資しよう。
- 「ボラティリティ』とは、株の値段の上がり下がりの幅《はば》のこと。一般的には、ボラティリティが小さいほど安心といえる。

17章 市場が暴落したらどうするの？

それからも、わたしたちはもちろん定期的に集まっていました。そのたびに学ぶことがたくさんあり、いろんな話をしました。月に1度、投資信託の相場も記録していました。そのため、いつ売ればどれだけもうかるかが正確にわかるようになりました。

トランプ夫人の意見では、将来はそんなことをする必要はないとのことでした。ただ最初のうちは、そうすることで学ぶことがたくさんありました。

トランプ夫人はいつも言っていました。

「大規模な国際的ファンド・オブ・ファンズに投資して、5年から10年のあいだ見ないで放っておくのが一番いいのよ。それからその相場がどうなっているか見ると、必ず大きな利益が出ているわ」

それからしばらく株価は上がったり下がったりしましたが、たいしたことはありませんでした。利益もなければ損失もありませんでした。

10月になって、わたしたちの投資信託の相場が急に激しく落ちこみました。わたしたちの株はいまやおよそ80万円の価値しかありません。約20パーセントの損失です。

わたしたちはショックを受けてうなだれて座っていました。お金の魔術師どころか瀕死《ひんし》の白鳥です。こんなことになるとは思ってもいませんでした。まっすぐ急上昇して当面の目標である500万円に到達するとばかり思っていたのです。

「ろうそくを消したほうがいいんじゃないかしら」わたしは言いました。ちっとも晴れやかな気分ではなかったからです。

マルセルも珍しく黙りこんでいました。

すぐに立ち直ったのはモニカだけでした。

「うちのお父さんが今日食卓でこのことについて話してたわ。何て言ってたか正確には覚えてないけど、全然心配してないみたいだったわよ。いまなら安い値段で買えるって」

「モニカちゃんのお父さんの言うとおりよ」

トランプ夫人の声が聞こえて、わたしたちは彼女を見つめました。いまになって気がつきましたが、彼女はとても落ち着いていました。ちっとも心配そうではありません。

「トランプさんにはこの損失が全然こたえてないみたいですけど」マルセルが尋ねました。

「だって損はしていないんだもの」

「してるじゃありませんか。しかも20万円も！」マルセルが言い張りました。

「損をするのは、今日株を売ろうとするときだけよ。でもそんなことはしないでしょ」

「それでも犬みたいにみじめですよ」

「犬と何の関係があるのよ？」わたしは犬を引き合いに出されたことにむっとして言いました。

とげとげしい雰囲気になりました。

トランプ夫人が楽しそうに笑って言いました。

「最初に株価が『暴落《ぼうらく》』したとき、わたしも同じように感じたわ。株を買った日のことを呪ったりした。それに、株価がさらに下落するんじゃないかって、とても不安だった。株価が暴落すると、新聞は悲観的な予測ばかり書き立てるのよ。世界恐慌《きょうこう》の始まりだとか、株式市場の永遠の冬だとかね」

マルセルとわたしはびっくりして顔を見合わせました。そこまでは考えていなかったのです。株価がさらに下がるかもしれないなんて！

トランプ夫人は楽しげに含み笑いをしています。彼女がこんなふうに子どもっぽく笑っているのなら、それほど本気で心配しなくてもいいのかもしれません。

「このいわゆる暴落はわたしも何度か経験したの。でも相場は持ち直したわ。いつもそうよ。だからいままでは、あらたな暴落が起こっても落ち着いていられるの」

わたしは全然納得していませんでした。「でも、いまおっしゃったような株式市場の永遠の冬がほんとうにきたらどうなるんですか？」

「『冬』という言葉が示しているように、これは一つの季節なのよ。四季のうちの一つ。生きているあいだは、冬のあとには必ず春がきて夏がきて、夏のあとには必ず秋がきて冬がくる。自然と同じように、株式市場にもこの四季がくり返しめぐってくるの。これまでそうだったし、これからもそうよ」

「だったらもう少し待っていて、冬になってから投資に参加すればよかったんだ」とマルセル。

「すぐに冬がくるってことが事前にわかっていたなら、そう言えるわね。でもそれはわからなかった。株価が上がることだってありえたし。もし上がっていたら、投資していなかったことに腹を立てるでしょう。だって、大きな利益を逃したことになるんだもの。

いまは、買い足すにはいい時期なのよ。モニカちゃんのお父さんが言ったとおりよ。この先3年から5年で株価が元の水準に戻るだけじゃなく、さらに20パーセントから30パーセント上がることも予想できるわ。

もしそうなると、わたしたちが最初に投資した100万円は120万円から130万円の価値になるわ。しかも、いま追加で100万円投資すれば、この100万円で同じ期間に50パーセントから60パーセントの利益を出すことになるのよ。つまりこの二つめの100万円は150万円から160万円にふくらむってわけ」

「それは安値《やすね》で買うからなのね」モニカが父親から聞いた言葉をまねて言いました。

「『安値で買う』ってどういうことですか?」わたしが尋ねました。

「それはね」トランプ夫人が説明してくれました。「いまなら株や投資信託を実際の価値よりも少ないお金で買うことができるということよ。そしてしばらくすればまた、実際の価値と同じ値段を払うという人が出てくるわ。そうすればわたしたちは十分な利益を得ることになるのよ」

マルセルはいつものようにさっさと決断して買おうとしました。「まだ株が安値のうちに急いで買わないと。みんな、25万円ずつもってないか? そうすればもう一度100万円投資できる。ぼくの分はあるよ。みんなどうだい?」

わたしたちはみんな十分にかせいでいました。そのうえモニカはたくさんのおこづかいをもらっています。トランプ夫人はもちろん問題ありません。わたしも投資に回せるお金はいくらか銀行口座に入っています。けれども私の場合は十分ではありませんでした。あと13万7000円足りないのです。でも夢貯金箱に手をつけることはしたくありませんでした。

とはいえ、わたしのせいで計画がだめになるのもいやでした。

わたしは必死に考えました。そして、祖父母が定期的にお金を入れてくれる預金通帳のことを思い出しました。それはわたしの結婚資金になる予定でした。少なくとも30万円か35万円はありました。

わたしはそのことをみんなに話しました。そうしてわたしたちは、次の日に特別会議を開くことに決めました。それまでに祖父母と話をしておかなければなりません。そもそも預金通帳はお金の適切な保管場所というわけではないのですから。ゴールドシュテルンさんは預金通帳をいつも「お金破壊装置」と呼んでいました。

魔女の家を出ると、面倒を見ることになっている犬たちがわたしを待っていました。夕食のあとようやく、わたしは祖父母のところへ行くことができました。わたしはおいしいクッキーと祖母特製のココアを出してもらいました。これほどおいしいココアをいれられる人はほかにいません。

わたしは、いまが株を買う絶好のタイミングだということを祖父母がすぐに理解してくれると思いこんでいました。でも、大まちがいでした。

わたしの成功については両親がいろいろ報告しているので、わたしはすぐに本題に入りました。クッキーを食べながら、投資クラブのことを説明しました。トランプ夫人がつくってくれたファイルも持参していました。そうすれば投資についてよく説明できるからです。いつも相場を記録しているので、わたしたちの二つの投資信託がどんなふうに展開しているかもうまく説明することができました。

ところが祖父があわてて言いました。「キーラ、それはあまりに危険だよ。そんなことをすればお前は全財産をうしなってしまうよ」

わたしは学んだことを説明しようとしました。損をするのは暴落したときに売ろうとする場合だけだということ。株式市場にも夏や冬があって、相場はつねに回復するのだということ。しかも株式市場は長期的にはつねに上昇する傾向にあること。過去にもたくさんの危機があり、ほんとうに深刻なものもあったけれど、それでもつねに再び上昇を続けていること。

これだけ言っても祖父を納得させることはできませんでした。しかも、祖母が祖父を援護しました。

「キーラ、一番大切なのは安全よ。わたしたちは長い人生のあいだに、ペテンにかかってお金を全部なくした人を何人も見てきたわ」

「でもおばあちゃん、それとは話がちがうじゃない」わたしは抗議しました。「投資信託では何十億というお金が管理されてるの。誰もそのお金をもち逃げすることはできないのよ。国と銀行が監督してるんだから」

「株は危険だ」祖父はわたしの言うことを少しも聞こうとしません。「すぐに手を引きなさい！」

「おじいちゃんもおばあちゃんもわかってないのよ」わたしは思わず言いました。「どうしてそんなにわからずやなの。決めつける前にまず、投資がどんなものか見てみるべきよ。自分たちが知らないからってだけで、危険だなんて言えないわ」

祖母が人差し指を立てて注意しました。「若い人は年寄りの言うことを聞くものよ。わたしたちは長い人生のあいだにいろんな経験を積んできたんだから」

祖父がさらにつけ加えました。「おごれる者は久しからずだ。屋根の上のハトより手のなかのスズメのほうがましだぞ」

大声で泣き叫びたい気分でした。

それからすぐに別れを告げると、やりきれない思いで家に帰りました。用件を伝えることさえできませんでした。祖父母から投資クラブのためのお金をもらうなんて、およそ考えられませんでした。それどころか、二人はわたしの投資に口をはさんでやめさせようとしたのです。もうどうしたらいいかわかりませんでした。それに、そんな会話のあとで少し不安になっていました。

　家に着くとすぐにゴールドシュテルンさんに電話をしました。さいわいすぐにつながりました。わたしは株価が下がったことと祖父母に反対されたことを報告しました。

　ゴールドシュテルンさんはおもしろがって聞いていました。

「おじいさんおばあさんは君のためによかれと思って言っているんだから、それはわかってあげないとね。君が損をしないよう守りたいだけなんだよ。自分たちにわかっている範囲で精一杯ね」

「でもあまりにもばかげてます。わたしの話を聞こうともしないんですから」

「きっと長い人生のあいだにつらい経験もしたんだろう。だからいま君を守りたいんだよ。それは当然のことだ。でも正直なところ、君はおじいさんおばあさんに感謝すべきだよ。おかげで君はまちがいを犯さずにすむかもしれないんだから」

「まちがいってどんな？」

「君たちが１００万円買い足そうとしていることさ。いい考えだとは思わないね。50万円が限度だと思うよ」

「どうしてですか？　いま追加でもっと多くのお金を投資すれば、もっとたくさんもうかるかもしれないのに」

「もちろんそうだね」ゴールドシュテルンさんは辛抱強《しんぼうづよ》く説明してくれました。「でも、株価がさらに下がったらどうする？　その場合はあまり多くを投資していないほうがいいだろう。それに、そのときさらに追加で買い足すためにもお金をもっていたほうがいいじゃないか」

「でも、実際に株がもっと下がるかどうか、わからないじゃありませんか」

「そのとおり。わからないね。それは誰にもわからないんだよ。将来を予測しようとしている専門家たちもみんな、何度もしくじってる。それほど、わたしたちが考えていることとはちがうことが起こるんだ。だからこそ、つねに現金の蓄《たくわ》えをもっているべきなんだよ。君のガチョウのお金のすべてを株や投資信託に投資するようなことはしてはいけないんだ」

「投資信託は絶対に安全な投資だと思ってたんですけど」わたしは半信半疑でつぶやきました。

「投資信託はとても安全なものだよ。とりわけ時間の余裕が十分あるときにはね。一時的に株価が暴落しても、いずれまた持ち直すだろう。でも、リスクを分散するためには、つねにお金の一部は絶対安全なところに投資するほうがいいんだよ」

「まさか預金通帳にお金を入れろっておっしゃるんじゃないでしょうね」わたしはおどろ

いて思わず言いました。

ゴールドシュテルンさんは大いに笑いました。

「そうじゃない。預金通帳についてのわたしの意見は君も知ってのとおりだよ。たしかに、そのやりかたじゃあいつまでたってもお金持ちにはなれないね。君の財産を増やすことすらできないだろう。『インフレ』が君の利息を全部食いつぶしてしまうからね」

「インフレって何ですか？」

「お金の価値が下がることだよ。いまはパン1個100円で買えるだろ。数年後には1個200円するとしよう。そうすると100円ではパン半分しか買えない。つまり君のお金は半分の価値しかないということさ。これをインフレというんだ」

「それで、わたしのお金を食いつぶすインフレがどのくらい高いか、どうやってわかるんですか？」

「とても簡単な公式があるんだよ。『72の公式』といってね、自分のお金が2倍になるまで何年かかるかを計算できてとても便利なものなんだが、インフレを理解するためにも使えるんだ。ある一定のインフレのもとでお金の価値が半分になるまでどのくらいかかるかがわかるんだよ。たとえばインフレ率が3パーセントだとしよう。72を3パーセントのインフレ率で割ると、24だ。それによれば、24年後には君のお金は半分の価値しかなくなってるということだ」

そんなに早いなんて、わたしはびっくりしました。「つまり、インフレは銀行にお金を預けて受け取る利息とほぼ同じってことですね」

「そのとおり！　だからわたしは預金通帳をお金破壊装置と呼んでるんだ。預金で受け取る利息はインフレによってこうむる損失をカバーすることさえできないんだからね」

「困ったなぁ」

「でもこの場合、選択肢《せんたくし》がほとんどないんだ。結局のところ、君は全部のお金を株に投資するつもりじゃないんだから。君がまだ若いといっても、つねに予備の蓄《たくわ》えはもっているほうがいい。それでこそ、リスクを最適に分散できるんだ」

わたしは完全に納得したわけではありませんでした。「銀行から利息をたくさん受け取れる方法はないんですか？」

「もちろん、あることはあるよ。でもその場合は、君のお金をかなり長い期間固定しておかなければならなくなる。そうすると、買い足すのにいいタイミングがきてもすぐに買えないという欠点があるんだ」

「わたしのお金の何パーセントを銀行に預金すればいいんでしょう？」

「それは君の状況によるね。まだ若いんだから、20パーセントで十分だろう」

今日はこれ以上何も教えてくれないだろうなと感じたので、わたしは心からお礼を言って、電話を切りました。

具体的にいくらを預金したらいいか、買い足しにはいくら出せばいいかなど、ゴールドシュテルンさんにはまだ聞きたいことがありました。でも、これまでのおつきあいでわかったことですが、彼はけっして具体的なヒントを与えようとはしないのです。彼はいつも原則だけを教えてくれました。その原則をどうやって実行に移すかは、わたしの問題なのです。そうすることで、わたしが彼に頼りきりにならず、自分のお金の問題に自分で責任をもつように仕向けてくれていたのでした。

そういうわけでわたしは計算をしました。いま11万3000円あります。明日は入金日でした。いくらもらえるかを計算すると3万6000円になりました。さらに、何人かの犬の飼い主とは犬をしつけるという取り決めもしていました。これが1万8000円になります。全部合わせると明日は5万4000円の収入があり、お金は合計で16万7000円になります。ですからお金の魔術師たちには、買い足しのためにそれぞれ12万5000円だけ出資することを提案しようと決めました。残りの4万2000円は明日、銀行に預けることにしました。

またハイネンさんに会えるのが楽しみでした。自分の口座はひと目で好きになった人のところで開くべきだと学んだことは、とても大事なことでした。

わたしは満足してベッドに入りました。すてきな解決法を見つけたと思いました。それに、今日もまたとても刺激的な1日が過ごせました。そもそも、わたしにとっては毎日がまたとない冒険なのです。それもすべて、マネーがお金とのつきあいかたを教えてくれたことから始まったのです。

マネーはいつものようにわたしのベッドの脇で横になっていました。わたしは物思いにふけりながら彼をなでていました。わたしはもう1年前のキーラではありません。たくさんの新しい関心事があり、たくさんの新しい友達がいます。ゴールドシュテルンさん、マルセル、ハーネンカンプさん夫妻、それにトランプ夫人。

感謝の気持ちがこみ上げてきて、わたしはベッドから身を乗り出すと、マネーの頭に長いキスをしました。わたしは幸せな気持ちで眠りにつきました。

【17章のポイント】

●株価の暴落は、一つの季節と同じ。自然と同じで、株式市場にもこの季節が繰り返しめぐってくる。

●もっているお金をぜんぶ株や投資信託に投資してはだめ。
●将来を予測することは専門家でもむずかしい。
●リスクを分散するには、お金の一部は絶対安全なところに回すほうがいい。

18章 冒険のおわり

それから数か月がたちました。わたしは自分の体験を書き始めていました。理由は自分でもよくわかりません。忘れないようにしたかっただけかもしれません。毎日2ページずつ書いていました。成功日記に記録があるので、書くのはちっとも難しくありません。それにとても楽しいことでした。

毎日が飛ぶようにすぎていき、わたしはつねにあらたな冒険をしていました。

いままでは両親もすべて順調でした。父はゴールドシュテルンさんに説得されて従業員を二人雇《やと》いました。最初のうち、父は人を雇う余裕はないと思いこんでいました。でもさいわいなことに、父はゴールドシュテルンさんをとても信頼するようになっていましたから、その助言に従うことにしたのです。

これによってすべてが変わりました。父は自分の好きなことに専念できるようになりま

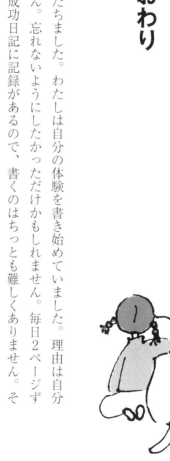

した。そして自分の好きな分野では、父はじつに優秀なのです。かつては、自分は自営業に向いているのか自信がもてずにいたようでしたが、いまは「自分が好きではなく、したがって不得意なことはほかの人にやってもらえばいいのだ」ということを学んだのです。

何よりも、父はいつも上機嫌でいるようになりました。お金の心配が消えると人はこれほどまでに変わるのかという、信じられないような体験でした。

いま、父は毎朝仕事を楽しみにしています。口笛まで吹いています。これはしないほうがよかったのですが。だって、これほど調子の外れた口笛を吹ける人はほかにいないくらいですから。それに新しい車を買って以来、父はいつもより1時間早く起きるようになりました。

わたしの商売も大きくなりました。いまや近所の人たちから多くの犬を預かり、散歩につれていったり、ブラシをかけたり、訓練したりしています。もちろんわたし一人ではとっくに手が回らなくなっていました。ほかの子どもたちをうまくかり出す方法はマルセルから教わっていました。モニカもこの仕事の手伝いでずいぶんかせいでいます。でもやがて、どこでどうやってお金をかせぐのか、この先の計画がなくなってしまいました。

そこで学んだことは、いろいろな「問題」を抱えることがいかに大切かということです。問題を抱えることで新しい可能性を探すことになりますし、多くを学ぶことができます。

パソコンでいろんなことができることにも気がつきました。ノートパソコンはもうずいぶん前に買っていました。おかげで宿題はずっと早くできるようになりましたし、見た目もきれいです。成績もぐっとよくなりました。

そこでわたしは統計のとりかたを学ぶことにしました。これにはハーネンカンプ夫人が力になってくれました。パソコンと簿記《ぼき》が彼女の得意分野だったのです。

パソコンを使うことで、かせぐお金もますます増えていきました。お金は一貫してこれまでのやりかたで分配しました。50パーセントはガチョウのため、40パーセントはお金を必要とする目標のため、10パーセントは使うためです。最初にマネーと一緒にリストに書いたものはほとんど、とっくに自分のものになっていました。

アメリカにだけは、まだ行っていません。そこで何かとてつもない体験をして、人生がもう一度すっかり変わってしまうような気がするからです。

わたしたちの投資クラブは大成功を収めていました。最初の投資信託の相場は7か月めに下がってしまいましたが、売らなかったので損はしませんでした。その後株価が上がって、売るとすれば結構な利益になりましたが、売る理由はありませんでした。わたしたちはガチョウがもっともっと大きくなることを望んでいたからです。

一度、マルセルが売ろうとしたことがありました。もうけを手にしよう、と彼は言いました。でもトランプ夫人が、そのお金をいったいどうするつもりなのか、それでお金がさらに増えるのかと彼に尋ねました。わたしたちは、お金を増やすのであれば、これまでと同じところに投資するのがいいのではないかという結論にいたりました。するとマルセルも、いま売っても何の意味もないことにすぐに気づきました。

結局、わたしたちは全部で四つの投資信託をもつようになっていました。お金の魔術師の集まりはいつも、とても楽しいものでした。会うたびにトランプ夫人からたくさんのことを学びました。モニカでさえすっかり投資に詳しくなっていました。ですから、わたしたちが両親にアドバイスできるようになったのも不思議ではありません。親たちもわたしたちの投資計画に従うようになっていました。最初はこっそりとでしたが、やがてそのことを隠そうともしなくなりました。

ゴールドシュテルンさんはすっかり健康を回復していました。再び仕事に打ちこんでいます。マネーはわたしのところに留まりました。

もちろん、以前と同じように毎週土曜日にマネーと一緒にゴールドシュテルンさんを訪ねています。一緒に散歩をし、そのあとでいつも、信じられないくらいおいしいケーキとココアをごちそうになります。それはすばらしく楽しい時間です。ゴールドシュテルンさんはほんとうにお金の天才です。訪問のたびに、何か新しいことを教わりました。なかでも印象的なのは、彼にとってお金は特別なものではなく自然なものだということです。その教えを聞いて、わたしもだんだんとお金に対する見かたが変わっていきました。

月に一度、ゴールドシュテルンさんは自分のお客さんむけに投資に関する講演をしていました。わたしの両親も定期的に通っていました。

ある土曜日、ゴールドシュテルンさんからわたしに提案がありました。彼の講演と同じ時間に、お客さんの子どもたちに、お金についての講演をしてはどうかと言うのです。わたしは承知しました。初回は7人の子どもしか集まりませんでした。でもそのうちに評判が広まって、わたしは定期的に20人から30人の子どもの前で話をするようになりました。1回の講演で4000円をいただいています。

数日前、ゴールドシュテルンさんは新しい考えを出してきました。一緒に会社をつくらないかとわたしにもちかけたのです。子どもたちが投資をするのを手伝う会社です。すばらしいアイデアだと思いました。想像してみてください。わたし、キーラと、お金の天才ゴールドシュテルンさんの共同の会社だなんて！

なぜわたしと会社をやろうと思ったのかとゴールドシュテルンさんに尋ねました。すると、まるでわたしの成功日記のためにあるような答えが返ってきました。

「君がいろんなことを知り、成果を積み重ねてきたことで、一緒に会社をやれるだけの能力を身につけたからだよ。わたし一人でやるより君と一緒にやるほうが、会社はずっと大きく成長する。そう思わなければ、提案したりしないよ。君ならたくさんの子どもをお客さんとして引きつけるだろう」

彼の言うとおりでした。そしてそれは、わたしに大きな自信がついてきたからこそできることなのです。

とはいえ、わたしは信じられないくらい興奮していました。まったく新しい冒険が始まろうとしているのですから。

こうしたこともわたしはすべて書き記しました。そしてしばらく後ろにもたれかかって、パソコン画面上の文章を読み直しました。よく書けていると思いました。

それから、わたしの視線はマネーに向かいました。

物思いにふけりながら、わたしはこの美しい犬をじっと見つめました。

わたしたちはもう長いあいだ話をしていませんでした。どうしてそうなったのか、前々からマネーに聞きたいと思っていました。でも不安だったのです。何が不安なのか、正確にはわかりませんでした。ただ何となく、何か決定的なことが起こるだろうという予感がありました。

いま、わたしはすべてをはっきりさせようとしていました。

わたしはもう、不安なことから逃げません。ですからさっと心を決めて、マネーにリードをつけ、一緒に森へ向かいました。でも気持ちはもやもやとしたままで、うれしさはわいてきません。のどに何かつまっているような感じでした。

わたしたちはいつもよりゆっくりと歩いていきました。

ようやく隠れ家に着きました。もう長いことここに来ていませんでした。いつも這って進んでいた通路は生いしげる枝でほとんどふさがれていました。そのため、しげみのなかの空間にたどり着くまでしばらくかかりました。そこも以前のように心地いいところではなくなっていました。すべてが変わってしまったように見えました。

わたしは悲しくなって、長いあいだマネーを見つめていました。彼がしゃべってくれたら、と思いました。マネーが何も言わなくなってからあまりにも長かったので、なにもかもわたしの空想にすぎなかったのかもしれないと思うこともありました。でも、そんなはずはありません。

わたしは必死になって、ほんとうに話せるところを見せてと頼みました。

するとマネーの顔つきが変わりました。マネーが最初に話しかけてきたころに時間が戻ったみたいでした。

「キーラ、ぼくが話せるかどうかはちっとも重要なことじゃないんだよ」

わたしは内心喜びの声を上げました。いま聞いているのはまちがいなくマネーの声でした。

マネーはかまわず続けました。

「大事なことは、君がぼくの言葉を聞き、理解できたということなんだ。君がいま書いている本と同じだよ。その本を読んでも、君のメッセージが聞こえず、何も変わらない人々もいる。でもその一方で、お金とかしこくつきあい始める人々もいる。その人たちはより豊かでより幸せな人生を送るだろう」

マネーが話すのをやめると、自分が夢を見ていたのか、マネーがほんとうにしゃべったのか、また自信がなくなってきました。気が変になりそうでした。

ところがその次の瞬間、すべてがちがって見えました。

不意に、自分は夢を見ていたのではないと悟ったのです。なぜかは説明することができません。説明する必要もないのでしょう。

それと同時に、わたしは体じゅうが冷たくなりました。マネーがわたしに話しかけるのはこれが最後だったのだと確信したからです。

悲しみのあまり、息が苦しくなりました。わたしはマネーに体を寄せて、長いあいだ抱きしめました。できるかぎりしっかりと。そうすることで、またマネーが話しかけてくれるかのように。

それから、わたしはゴールドシュテルンさんの言葉を思い出しました。

「なくしたものを嘆《なげ》くのではなく、一緒に過ごした時間に感謝しなさい」

これからはマネーの助言なしで、自分でやっていかなければならない、ということです。でもその反面、いいこともあります。もう人間の言葉を話せないのなら、マネーにとってはもう危険もないということです。マネーをつかまえて実験台にしようとする人は誰もいないでしょう。人々はわたしの話を小さな女の子の空想物語として片づけるでしょう。

わたしは小さな声で泣きました。マネーが首を回してわたしの顔じゅうをなめました。しばらく泣くと、気持ちが晴れてきました。

またはっきりと考えられるようになったのは、かなり時間が経ってからでした。わたしはマネーから教わったあらゆることを思い出し、心から感謝しました。マネーの教えはすべて、わたしのなかに生きています。自分がいつか大金持ちになることも、もはや疑っていませんでした。きっと、人が想像するよりもずっと早く実現するでしょう。そしてどんなにお金持ちになっても、幸せであり続けると思います。

これがわたしの物語です。マネーの声が空想の産物なのか、ほんとうにわたしに話しかけてきたのかは、誰にもわからないことでしょう。わたしは感謝の気持ちでいっぱいでした。静かに幸福感にひたりながら、もうしばらくマネーと一緒に隠れ家に留まっていました。これが最後になるからです。

そのとき不意に、わたしの本をどのように締めくくればいいか思いつきました。わたしたちは家へ帰りました。そしてこう書きました。

「たくさんの子どもたちが、この本の『声』を聞いてくれますように。そうなれば、マネーという名の犬とわたしはとても幸せです。キーラ」

【18章のポイント】

- 誰にでも向き不向きがある。不得意なことは別の得意な人にやってもらい、自分は得意なことに専念すれば、みんなが幸せになり大きな成果も出せる。
- お金は、ごくふつうで、自然なもの。
- お金とかしこくつきあえば、より豊かでより幸せな人生が送れる。
- なくしたものを嘆くのではなく、一緒に過ごした時間に感謝しよう。

大人の読者のみなさんへ――作者あとがき

「お金は汚いもの」という考えは間違い

世の中で「お金持ちになんてなりたくない」という人はほとんどいないでしょう。人一倍強くお金持ちになりたいと思っている人もいます。なかには、人生のある特定の部分が豊かでありさえすればいいんだと言う人もいます。

でも結局は大部分の人が、もっと幸せになりたい、もっと自信をもって生きたい、そして、もっとお金がほしいと思っているのです。

この願いはすこしも恥ずかしいものではありません。豊かさはわたしたちの生まれながらの権利だからです。お金が十分にあれば、品位を保って毎日を生きることができ、自分のためだけでなくまわりの人のためにも、もっと役に立つ人間になることができます。

「経済的に苦しいのはしかたがない」、あるいはそのほうが気高いのだという考えは、人類の最悪の思いちがいです。

ところが、多くの人がまさにこの思いちがいを受け入れてしまっています。そういう人にとっては夢と現実との差は途方もなく大きく、しかもそれをまったく当たり前のことと信じているのです。わたしはこのあやまちを終わりにしたいのです。

本書は物語です。本書に登場する「マネー」は人間の言葉を話す犬で、12歳の女の子にお金とのつきあい方を教えます。その女の子はお金とのつきあい方を学ぶだけでなく、両親を金銭的なピンチから救ってしまうのです。

人生はわたしたちにさまざまな「富」を用意してくれています。お金もそうした富の一つです。わたしがこの本を書いたのは、読者のみなさんの心を動かし、それらの富に対して心を開いてもらいたいと思ったからです。

この物語からみなさんは何が得られるでしょうか？　それは「自分の可能性を信じる勇気」です。主人公たちの行動から学び、心を動かされるはずです。みなさんの可能性と力を改めて実感することになるはずです。

とはいえ、白状しなければならないことがあります。わたし自身、はじめからこの物語に大きな価値があると信じていたわけではないのです。わたしが心配だったのは、多くの人はこの成功物語をフィクションとして楽しむだけで、その奥にある「原則」に気づこうとしないのではないか、ということです。成功物語はほかの人にそのまま置き換えられるものではありません。原則を自分の血肉にしてこそ、あなた自身の人生で活かせるようになるのです。

また、この本で主人公たちが実行したことを、表面的に真似すればよいと思われてしまうのではないか、という心配もしていました。個人的な体験はほかの人には応用できないものです。しかし、根本的な原則なら十分にそれができます。

読者のなかには「お金」というテーマを聞くだけで不安にかられ、「富を築くなんて自分には無理だ」と思う人もいます。日々忙しくて、お金に関心をもつことを先送りにしている人もいます。そもそもお金というテーマに露骨に拒絶反応を示す人もいます。

さらに、世の中のルールが多様化、複雑化していることがしばしばまちがいにつながります。高度にテクノロジー化されたいまの時代には、難解なものだけが正しい道へいたる条件を満たすかのように見えるのです。そんな時代には、わたしたちは、「そんなにかんたんにいくわけがない」と言って、かんたんで根本的な真理を無視してしまいがちです。しかし実際には、この本に書かれているように、「かんたんにいく」のです。

ただし、重要なちがいを指摘しておくと、それを実行することはかんたんではありません。富の法則はかんたんに理解できるものですが、実行するのは容易ではありません。そのために、わたしたちはしばしば助けを必要とするのです。そうした助けもこの本に書いてあります。

大人が本書を読むべき理由

この本はもともと子ども向けに書かれたものです。物語を楽しんでもらいながら、子どもたちをお金の世界に案内したいと思ったのです。これは普通、家庭では避けられるテーマです。

ところが予想もしなかったことに、わたしは大人の読者からたくさんの手紙を受け取ることになりました。感想はいずれも似通っていました。

「物語に感銘を受け、もっと行動しようという気になりました」

「初めてお金というテーマに近づきました」

「どうしたら本当にお金持ちになれるのか、やっとわかりました」

などなど……。

こうした反響は、わたしがまちがっていたことを教えてくれました。ですからこの本は、子どもと大人のための本なのです。

小さな女の子の物語を読むことは、わたしたち大人にとっても快いものです。書かれているのは、わたしたち大人がとっくに卒業している「子どもの悩み」です。ですから気楽に読むことができ、「自分もこの子のような悩みや不安を乗り越えてきたんだな」と気づかせてくれます。

そして、そこから教訓を導き出すとしたらどうでしょうか。つまり自分自身の人生を、ちょっとのあいだ「物語」のように眺めてみるのです。あるいは自分がすでに裕福で、自分の「経済的に子どもだった時代」を振り返っているのだと想像してみるのです。

そうすることで、いまの自分の状況を客観的に見直すことができます。その「物語」に出てくるのはどこにでもある問題で、とっくに卒業したことばかりです。いまの状況を笑う余裕さえ出てくるかもしれません。すると、「それほど深刻な問題ではない、目の前の状況にとらわれることなどないのだ」と気づきます。物語はそうしたことをわたしたちに教えてくれます。

しかし、それほど単純な物語というわけでもありません。数々の富と人生の法則を物語っているのですから。これらは、普遍的で時代を超えた法則です。「普遍的」とは、いかなる社会や文化や時代においても、またはいかなる状況においても有効だということです。猛スピードで変化していく時代にこそ、いつの時代も変わらない法則が示してくれる方向づけが必要なのです。

普遍的な「富の法則」

大それたことを言っているように聞こえるかもしれせんので、二つ説明させてください。

第一に、本書に出てくる富と人生の法則は、わたしが勝手に考えたものではありません。それらは自然法則と同じように、昔からあるものです。望むと望まざるとにかかわらず、それらの法則はわたしたちの生活を支配しています。わたしたちが拒絶したところで、法則の妥当性は揺るぎません。わたしはこれらの法則を自分の言葉に置き換えて、表現したにすぎません。

第二に、本当によい人生を歩んでいる人たちはみんな、これらの法則に従って生きているとわたしは考えています。あなたのまわりのうまくいっている人や組織、会社を思い浮かべてみてください。その人々をよく観察して、彼らが歩んできた道を分析してみてください。かならず法則の妥当性を見いだせるはずです。彼らが富の法則を知っているかどうかは重要ではありません。ただそれでも、うまくいっている人の人生はつねに、普遍的で時代を超えた法則の妥当性を証明しているのです。

気をつけてほしいこと

みなさんに一つ、気をつけてほしいことがあります。わたしたちはすぐ「そんなことはもう知っているよ」と決めつけてしまいがちです。こうした姿勢こそ、落とし穴にはまるもとです。「もう知っている」と思った瞬間に、学ばなくなってしまうからです。そこにある本当のメッセージに耳を傾けようとしなくなるのです。また、新しいことを学ぶだけでなく、「学んだことを実際に実行する」ということも大事なのです。

お金持ちになるためには、「お金持ちになりたい」というたった一つの意思さえあれば十分です。ただ、ここで驚くべき事実を警告しておきます。お金というものは、いったん自分のもとに流れこみはじめると、これまでどこにこんなに隠れていたのかと思うほどの量と速さで流れてくる、ということです。

ふつうの人は「長年必死で働いて初めてお金持ちになれる」とまちがって考えていますが、富や豊かさをもたらすのはむしろ、ある特定の心のあり方なのです。こうした条件を作り出すことができれば、富を得ることは多くの人が考えるよりもずっとかんたんなのです。

たいていの人は自分の資産状況に十分な関心をもっていません。そういう人は自分で目をつぶって「なんにもみえない！」と言っている3歳児と変わりありません。資産があってもそれに気を配らなければ、いずれそのことでかえって生活の質を大いに損なうことになります。

自分の資産に背を向けるということは、なれるかもしれない人物像に背を向けるということです。「本当にどんな人生を送りたいのか」を自分に問いかけるには、もちろん勇気がいります。でも、お金を自由に用いることは、こんにちでは誰にでも可能なのです。古代ローマの哲学者セネカはこう言っています。

「困難だから始めないのではない。始めないから困難なのだ」

本書でご紹介した基本的な法則を深く理解しさえすれば、あなたの資産状況は確実に改善します。繰り返しますが、豊かさを求めることは生まれながらの権利です。これを妨げるものはありません。お金を自由に使いながら品位を保って生きるのはわたしたちの権利です。

人生という旅を充実させよう

この本を書いてから十数年が経ちますが、このあいだにたくさんのことがありました。

この本は多くの国々で出版され、部数は400万部を超え、世界で最も読まれている子どものためのお金の本になりました。

何より大事なことは、子どもたちから数え切れないほどの手紙をもらったことです。そこには、彼らが本書を読んでどんなふうに変わったかが書かれていました。わたしはそのことに深く感謝しています。

多くの大人の読者も同様で、手紙のなかで異口同音に「この本はお金と資産に取り組むための最良の書だ」とおっしゃっています。

わたしたちの人生は一つの「旅」です。お金というテーマをマスターすれば、この旅はわたしたちにさまざまな可能性を開いてくれますし、思いもしなかったような方向へわたしたちを導いてくれるのです。

その最もよい例が本書の主人公、キーラです。彼女は最初、自分の夢さえよくわかっていませんでしたし、夢がかなうとは信じていませんでした。もちろんいくつかの困難もありました。ところが、彼女は自分ができると思っていたよりずっと早く目標を達成しました。彼女はそれがなるべくしてなったのだと気づきます。そして最後に、自分の夢をはるかに超えた体験をするのです。

あなたにもそうなってほしいのです。あなたの夢を再び拾い上げて、それを実現していただけたら、そして人生という旅で、あなたの夢をさらに上まわる発見をしていただけたら、作者としてこんなにうれしいことはありません。

心をこめて

ボード・シェーファー

ボード・シェーファー（Bodo Schäfer）
1960年ドイツ・ケルン生まれ。経営・資産形成コンサルタント。16歳で渡米し、20歳で最初の会社を設立。26歳のとき多額の借金をかかえ倒産するが、30歳で借金を完済。経営コンサルタントとして成功を収める。お金と資産形成に関する本の著者としても人気で、とりわけ本書（旧訳は『イヌが教えるお金持ちになるための知恵』として草思社より刊行）は23か国語に翻訳され、子どもから大人まで400万人以上に愛される超ロングセラーとなっている。

【訳者】田中順子（たなか・じゅんこ）
山口県生まれ。お茶の水女子大学文教育学部史学科卒。出版社勤務を経て、現在はドイツ語の翻訳に携わる。訳書にシュヴェッペ『カメが教えてくれた、大切な7つのこと』（サンマーク出版）、シェッツィング『緊急速報（下）』（共訳、早川書房）など。

【監修者】村上世彰（むらかみ・よしあき）
1959年大阪府生まれ。1983年から通産省などにおいて16年強、国家公務員として務める。1999年から2006年までファンドを運営。現在、シンガポール在住の投資家。著書に、『生涯投資家』（文藝春秋）など。

本書の翻訳は2000年にドイツで刊行された *Ein Hund namens Money* の2011年版を底本としています。現在の日本の事情とことなる箇所がありますが、原著者の意向を尊重し、最低限の調整にとどめています。また本書はいかなる投資の推奨・勧誘を目的としたものではありません。

マネーという名の犬
12歳からの「お金」入門

2017年11月3日　第1刷発行

著　者　ボード・シェーファー
訳　者　田中順子
監　修　村上世彰

発行者　土井尚道
発行所　株式会社　飛鳥新社
〒101-0003 東京都千代田区一ツ橋2-4-3　光文恒産ビル
電話（営業）03-3263-7770（編集）03-3263-7773
http://www.asukashinsha.co.jp

装　幀　鈴木成一デザイン室
イラスト　楠木雪野
本　文　飛鳥新社デザイン室
印刷・製本　中央精版印刷株式会社

Printed in Japan　ISBN 978-4-86410-576-7

編　集　富川直泰